周南 著

要战 还是 要命

《道德经》的启示

北京大学出版社
PEKING UNIVERSITY PRESS

图书在版编目(CIP)数据

要钱还是要命:《道德经》的启示/周南著. —北京:北京大学出版社,2012.9
ISBN 978 - 7 - 301 - 21079 - 6

Ⅰ.①要… Ⅱ.①周… Ⅲ.①道德经 - 通俗读物 Ⅳ.①B223.1 - 49

中国版本图书馆 CIP 数据核字(2012)第 187095 号

US Librarary of Congress number:HF 5415.153.Z45 2012

书　　　　名:	要钱还是要命——《道德经》的启示
著作责任者:	周　南　著
策 划 编 辑:	贾米娜
责 任 编 辑:	贾米娜
标 准 书 号:	ISBN 978 - 7 - 301 - 21079 - 6/F·3286
出 版 发 行:	北京大学出版社
地　　　　址:	北京市海淀区成府路 205 号　100871
网　　　　址:	http://www.pup.cn
电 子 信 箱:	em@pup.cn　　QQ:552063295
新 浪 微 博:	@北京大学出版社　@北京大学出版社经管图书
电　　　　话:	邮购部 62752015　发行部 62750672　编辑部 62752926
	出版部 62754962
印 刷 者:	北京宏伟双华印刷有限公司
经 销 者:	新华书店
	787 毫米×1092 毫米　16 开本　9 印张　152 千字
	2012 年 9 月第 1 版　2020 年 7 月第 5 次印刷
定　　　　价:	35.00 元

未经许可,不得以任何方式复制或抄袭本书之部分或全部内容。
版权所有,侵权必究
举报电话:010 - 62752024　电子信箱:fd@pup.pku.edu.cn

The Dilema between Money and Life: A Message from the *Dao De Jing*

About the Author

Nan Zhou was born in Fujian, China in 1952. He was among the generation of Chinese whose high school education was interrupted due to the Cultural Revolution in 1966. This historical event contextualized the special titles of his educational statuses afterwards. First as an "intellectual youth" at the age of 16, he went to work as a peasant for almost six years, then worked as an apprentice carpenter for about one year, and thereafter was sent off to Fuzhou University as a "worker-peasant-soldier" student. He passed the national examination for overseas graduate study organized by the Ministry of Education in 1981. Consequently, he earned an MBA from Idaho State University in 1984 and a Ph. D. in Business Administration with a major in marketing from the University of Utah in 1987.

He is currently a professor in the Department of Marketing at City University of Hong Kong. He is also a Changjiang Scholar Chair Professor at Wuhan University, China. He is the first Changjiang Scholar Chair Professor in the area of Qi Ye Guan Li (Enterprise Management) appointed by the Ministry of Education of China.

E-mail: nan. zhou@ cityu. edu. hk.

Book Description

The *Dao De Jing*, a classic of Chinese philosophy, literally means "The Classic of the Way and Virtue". Its authorship has been attributed to Lao Zi.

The present book consists of 60 essays on how the ancient way of thinking expressed in the *Dao De Jing* can help people nowadays, especially business people, live a more balanced life in an increasingly money-oriented world. The essays are grouped into six sections:

1. The Dao of Life: The Self vs. The World.
2. Cultural Differences: The Chinese Way vs. The American Way.
3. The Dao of Branding: Yin (Tangible) vs. Yang (Intangible).
4. The Dao of Inaction: Advance vs. Retreat.
5. The Dao of Fame: Jun Zi (A Virtuous Person) vs. Xiao Ren (A Mean Person).
6. My Journey as a Marketing Scholar: Knowledge vs. Dao.

目录

写在前面的话：从身份上的中国人到精神上的中国人 ········· 4

第1部分　终不自为大，故能成其大：人生的境界 ········· 1
- 1-1　死而不亡者寿：要"钱"还是要"命"？（一） ········· 2
- 1-2　道生之，德畜之（一）：一命、二运、三风水 ········· 4
- 1-3　道生之，德畜之（二）：四积德、五读书 ········· 6
- 1-4　上德不德，是以有德：阴德和阳德之说 ········· 8
- 1-5　终不自为大：王之涣的黄河精神 ········· 10
- 1-6　有无相生（一）：向曹操学加减法 ········· 12
- 1-7　上善若水：自强不息，还是利万物而不争？ ········· 14
- 1-8　自知者明（一）：刘邦的《大风歌》 ········· 16
- 1-9　自知者明（二）：心中有梦可喜，心中有数可贺 ········· 18
- 1-10　九层之台，起于垒土：人情练达即文章 ········· 20
- 1-11　圣人抱一为天下式：一荣俱荣，一损俱损 ········· 22
- 1-12　大巧若拙，大富若穷：不忘稼穑艰辛 ········· 24
- 1-13　不失其所者久："国在山河破" ········· 26
- 1-14　道之出口淡乎其无味：香港的中秋垃圾 ········· 28
- 1-15　金玉满堂，莫之能守：要"钱"还是要"命"？（二） ········· 30

第2部分　天地不仁，以万物为刍狗：中美文化差异 ········· 33
- 2-1　知不知，尚矣：天下四种文化人 ········· 34
- 2-2　高下相倾（一）：中美文化阴阳 ········· 36
- 2-3　知常曰明：《阿凡达》和《孔子》背后的时间观 ········· 38
- 2-4　天地不仁，以万物为刍狗：希拉里和温家宝看中美关系 ········· 40
- 2-5　将欲取之，必固与之：血淋淋还是情脉脉？ ········· 42
- 2-6　去甚，去奢，去泰：在中国没有纯粹的商业关系？ ········· 44
- 2-7　有之以为利，无之以为用（一）：宝洁进中国 ········· 46
- 2-8　知止可以不殆：现在世界上究竟谁怕谁 ········· 48

第3部分　名可名，非常名：企业家的盘古志 ········· 51
- 3-1　名可名，非常名：企业家的盘古志 ········· 52
- 3-2　迎之不见其首，随之不见其后：
  一个企业上天入地的框架 ········· 54
- 3-3　域中有四大，而人居其一焉：品牌疆界图 ········· 56
- 3-4　美言不信："三鹿"的美丽谎言 ········· 58
- 3-5　有无相生：品牌的两面 ········· 60
- 3-6　难易相成：品牌的三界 ········· 62
- 3-7　夫物芸芸，各复归其根：消费者的三个需要层次 ········· 64

3-8	万物莫不贵德:一个天、地、人"三情"的品牌框架	66
3-9	为之于未有,治之于未乱:大品牌和伟大品牌之别	68
3-10	无,名天地之始;有,名万物之母:品牌之神形	70
3-11	无状之状,无物之象: "品牌形象"还是"品牌意境"?	72
3-12	有生于无:从"亡、無、无"看创新的极限	74
3-13	明白四达,能无知乎:关系的质量决定品牌价值	76
3-14	鸡犬之声相闻,民至老死不相往来: 品牌与消费者之间的心灵距离	78
3-15	圣人无常心,以百姓心为心:服务的"态"和"度"	80

第4部分 战胜以丧礼处之:我等做得到吗? ... 83

4-1	战胜以丧礼处之:我等做得到吗?	84
4-2	善为士者不武(一):总是损人,岂能利己?	86
4-3	善为士者不武(二):总向顾客动武,能赢吗?	88
4-4	万物负阴而抱阳,冲气以为和:百忍成金	90
4-5	以无事取天下:做生意好比谈恋爱	92
4-6	多言数穷,不如守中:持之有故,言之在理	94
4-7	高下相倾(二):当局者迷,旁观者清?	96

第5部分 天下皆知美之为美,斯恶已:何可为,何不可为? ... 99

5-1	小国寡民:乔羽的小民情结	100
5-2	既得其母,以知其子:丰子恺的儿童漫画	102
5-3	信言不美:电器大王蒙民伟	104
5-4	见小曰明,守柔曰强:高锟的潮平岸阔	106
5-5	天下皆知美之为美:金庸小说的魅力	108
5-6	有之以为利,无之以为用(二):香港置地广场	110
5-7	夫礼者,忠信之薄:王石与黄光裕谁更"恶"?	112
5-8	少则得,多则惑(一):小猫钓鱼	114
5-9	少则得,多则惑(二):谢瑞麟的三起三落	116
5-10	圣人在天下,歙歙焉,为天下浑其心: 撼山易,撼岳家军难	118

第6部分 为学日益,为道日损:学海无涯,学无止境 ... 121

6-1	为学日益,为道日损:我的"识字"人生三阶段	122
6-2	知足者富:我的营销学旅三阶段	124
6-3	长短相形:中为外用	126
6-4	至誉无誉:敦煌在中国,敦煌学在日本?	128
6-5	大象无形:刘姥姥进大观园	130

《道德经》索引 ... 132

其他书目索引 ... 134

人名、地名及其他索引 ... 135

致谢 ... 137

写在前面的话：
从身份上的中国人到精神上的中国人

这本小集子中收录的60篇随笔，是我跨入耳顺之年对营销、品牌、人生、未来的感想。从某种程度上来说，它们是我此生心迹的一个回顾。

人生如梦，祸福相依。我今生第一个30年的经历是曲折的：还没念完初一就因"文革"而失学；16岁到农村插队，面朝黄土背朝天近六年，期间"臭老九"母亲因毛主席语录落入厕所而自杀（我至今每天想念她！），同是"臭老九"的"走资派"父亲因教我念英语而受批；22岁那年，我被"上调"到建筑公司，当过一段时间的木工学徒，因肯学而被推荐成为一名工农兵大学生；29岁（1981年3月）考上教育部出国研究生，翌年赴美。

"**知人者智，自知者明**"（《道德经·第三十三章》）。我此生的第二个30年"生活"、"游离"于**美国文化**和**中国文化**之间：先浸润于美国文化，有了一些浅显的"**他知**"；随后以美国为"**镜**"，有了深一点、里一点的"**自知**"——**儒家文化**，并将美国文化、儒家文化当做一组**跨文化阴阳**来研究；近年来，随着对老子《道德经》的些许**领悟**，先将儒家文化、老子的《道德经》当做一组**中国文化阴阳**来分析，如今又将"**美**"与"**儒**"合在一起，把它们和"**老**"当做一组**更大尺度的跨文化阴阳**来考虑。

"**不以物喜，不以己悲**。"（宋·范仲淹：《岳阳楼记》）进入人生的第三个30年，我的**人生观**（小，有，探目的）、**价值观**（辨方向）和**世界观**（大，无，寻未来）仍在"升华"。虽然知道自己永远达不到"超然物外"的境界，但我开始对世俗的"美"与"儒"文化的局限有了进一步认识：一个强调自利（通过处事），另一个讲求自强（通过为人），但归根结底都离不开"求胜"。而《道德经》告诉人们，只有"服从"天、地、万物运动与变化的内在规律，知足、戒骄、守弱、无为，才无不为。《道德经》代表更高的智慧，对我们平衡今天的小我利益与明日人类甚至地球的生存有很好的启示。

本书取名为《要钱还是要命》，是与"道常无为而无不为"（《道德经·第三十七章》）相对应的。尽管我本人在"钱"与"命"的关系上处理得很差，但时常用这两个字来提醒自己慎辨事物的表象与本质。用它做书名，希望与读者分享，更希望得到读者的共鸣。

谬误之处，敬请斧正。

平常之外，雅俗之间

　　写在"**平常之外**"，读在"**雅俗之间**"——这是我写这本小集子的初衷。它不是我最费气力的作品，但却投入很多心力。效果如何，各位心中自有公论。在这里，只简单介绍一下我的想法与做法。

　　言不在多。我相信各位和我一样，不喜欢长篇大论。所以，不管翻到书的哪个地方，左右两页合为一篇，左页是正篇，右页是副篇。每篇都简明扼要地描绘了我的感悟或心得，借此希望能引起读者的共鸣，达到抛砖引玉的效果。有些副篇以图为示，"**形**""**象**"互辅。虽然每篇内容各异，但根基都在《道德经》。现今流传于世的《道德经》版本众多，本书引用的文字主要参照陈鼓应（2003）《老子今注今译》。

　　我从未系统地学过国学，对许多经典只是略懂一二，但我相信"**天下**"各流派都是"**一家**"，所以在同一篇文章里可能断章取义地将不同流派的观点拼凑在一起，以支持我对《道德经》中某一个说法的"**认**"和"**识**"。因此，本书中的"**偏见**"一定不少。

　　按大致内容，可将 60 篇分为**六部分**：

　　一、终不自为大，故能成其大：人生的境界。该部分与大家分享我对为人处世的些许感悟。

　　二、天地不仁，以万物为刍狗：中美文化差异。该部分关注的是跨文化比较与分析。

　　三、名可名，非常名：企业家的盘古志。该部分侧重于品牌经营之道。

　　四、战胜以丧礼处之：我等做得到吗？该部分重点阐释无为之道。

　　五、天下皆知美之为美，斯恶已：何可为，何不可为？该部分主要谈"名人"之道。

　　六、为学日益，为道日损：学海无涯，学无止境。该部分以本人的求学心得为全书收尾。

　　为**方便读者阅读时查找、参照**，书后附有《道德经》索引、其他书目索引以及人名、地名及其他索引。

周　南

2012 年 2 月 7 日

于香港骏景园

第1部分

终不自为大，故能成其大：人生的境界

1-1 死而不亡者寿：
要"钱"还是要"命"？（一）

没有"钱"，"命"能好吗？没有"命"，"钱"又有什么用？

这里说的是谁的"钱"，谁的"命"？

老子说："**道生一，一生二，二生三，三生万物**"（《道德经·第四十二章》）；又说："**人法地，地法天，天法道，道法自然**"（《道德经·第二十五章》）。这两句话看上去像一副对联。它们之间有什么内在的联系，从中我们能得到怎样的启示呢？

"万物""生"于"道"，而"道"是"法"（顺从）自然的。从地位来看，这里"人"最小，"道"最大。

市场经济一面是自由，另一面是秩序。我们做营销、塑品牌时，往往想"**生**"（生钱）多，却知"**法**"（顺从）少。归根到底，是因为我们不知足，对"道"理解不够、领悟太少，**要"钱"不要"命"**。只知"**强行者有志**"（坚持不懈的人有志气），试图"**战天斗地**"，而不解"**不失其所者久，死而不亡者寿**"（不失根基的人持久，死后仍然保持影响的人不朽）（《道德经·第三十三章》）是需"**欢天喜地**"的（此处"久"和"寿"分别代表地和天）。

做营销、塑品牌实质上是一个求"道"的过程。这里的"道"是什么？霸道、人道、王道？抑或是道理、道路、道德？企业家不能只是想着赚钱（"**生**"——小我的生财之道；"**可名**"，做事/品牌/英雄，小，**有**），还需从中去窥探、了解和提升自己，以修炼到更高的、造福天地万物的哲学境界（"**法**"——大我的生存之道；"**可道**"，做人/君子/圣人，大，**无**）中去。

品牌的成长（**向钱看**）、壮大（**向上看**）、"**不朽**"（**向人乃至地球的本性看**），均取决于其领导人（人）的"**境**"（天）和"**界**"（地），以及对"**常道**"的"**感**"（有）和"**悟**"（无）、"**理**"（科学）和"**解**"（艺术）、"**修**"（身、心）和"**炼**"（灵、魂）的水平。水平越高（即越"**上善若水**"——《道德经·第八章》），品牌就越容易成功（"强行者有志"），人生就越充实，人类的未来就越光明（"不失其所者久，死而不亡者寿"）。

大道至简。"**顺利**"是"**顺**"在前，"**利**"在后，两者的层次一目了然。做品牌如果想"顺利"，必须"**法**"（顺从）道（**良心**，**本**），才能"**长生**"（**赚钱**，**末**）。做生意/品牌/名牌是小"道"，求生命之道是大"道"，"法"自然之道是更大的"道"（无穷大）。小道遵从大道，再厉害的孙猴子也翻不出如来佛的手掌心。

"钱"与"命":哪个更重要?

钱:生意/事业/品牌;命:人生/人类/地球

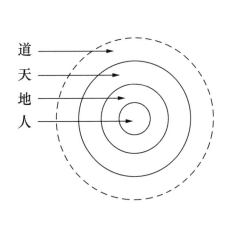

要"钱"还是要"命"?

1-2 道生之,德畜之(一):
一命、二运、三风水

许多人信奉"**一命、二运、三风水、四积德、五读书**"。这种说法告诉我们什么不可为,什么可为,符合老子所言**道生之,德畜之**(道创生万物,德养育万物)(《道德经·第五十一章》)的观念。道是自然之为;德为道之用,是人为。这五点中,从一到三是由大到小(道),经四、五再回到一是由里及外(德)。

但是,时下不少人背"道"离"德","倒行逆施"。他们的所作所为威胁人类和地球的未来。

命—天—宏观—自然环境:"命"是一个和"天"有关的概念,"天"好则带动"命"好。但现实却堪忧。一个来自环境保护部的空气质量状况公告数据显示:2011年上半年,在113个环保重点城市中,有45个空气质量超标。**生命在一呼一吸之间**。"**天**"**被变坏,人们连呼吸都感觉憋屈,能活得舒坦、享天年吗**?

运—地—中观—自然环境/人文环境:"运"是个关于"地"的概念,行好运叫"走运"。可现实却让人痛心。环境保护部2011年上半年的水质状况公告中称,全国七大水系都存在污染,其中海河为重度污染。汉语中的"活"字由"水"与"舌"组成,可见生命与水息息相关。**水源被糟蹋,人们吃得不干不净,能活得明白、行好运吗**?

风水—人—微观—自然环境/人文环境:"风水"的发现、创造和保持离不开与大自然的良性互动。"天""地"变坏,归根结底是因为人心不"古"。不少人唯利是图而不知"天高地厚",肆无忌惮地破坏人与自然的平衡。**人文环境不改善,自然环境也会日益恶劣,哪还有好风水可言呢**?

为了发展经济(眼前小利)而过度开发,导致天不蓝、山不青、水不净、食不安。长此以往的话,我们是会被"老天爷"和"土地公"严惩的。我们的后代也将因此面临一个破败的、无法收拾的地球(长期恶果)。到那时人类还能生、能活、能存多久呢?

生态(道,一命、二运、三风水)是"本",人(德,四积德、五读书)是"末"。不以"生态为本"的"人为本",本末倒置,必遭惩戒。

对地球母亲,首先是顺从,其次是保护,最后才是发展。

无恶不作,回头是岸。

一命、二运、三风水、四积德、五读书

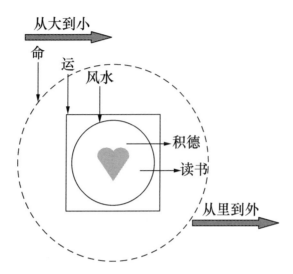

在 2008 年的珠三角大气污染防治高峰论坛上，广州呼吸疾病研究所所长钟南山提到，他们在临床中发现，五十多岁的广州人的肺多是黑色的，主要是吸入大量炭黑污染物所致。①

广东省气象局首席科学家吴兑也在会上指出，广州天空"灰蒙蒙"，不是大众以为的"雾"，99%的情况下是"霾"。真正的雾是水粒、冰晶的结合体，一般发生在高海拔地区；而霾是气溶胶的液体、固体混合物。20 世纪 80 年代前，广州常常能见到蓝天白云。但此后，由于空气污染严重，"尘霾"快速增加，使得天空一片"灰蒙蒙"的。通过治理，目前尘霾虽然有所下降，但仍处"高位运行"的水平。吴兑说："灰霾治理一任领导想治好是不可能的，如果领导们都下大决心、花大力气治'霾'，至少需要十个领导任期才能有效。"②

---

① 李志伟、闫怀强，"钟南山：人到 50 肺是黑色的，呼吸道病人增一半"，金羊网—羊城晚报，2008 年 6 月 13 日，http://wenku.baidu.com/view/a40a2c2d2af90242a895e500.html。
② "珠三角大气污染防治高峰论坛昨举行"，人民网，2008 年 6 月 13 日，http://gd.people.com.cn/GB/123932/123937/123965/7380469.html。

1-3 道生之,德畜之(二):
四积德、五读书

每次只要去北京,我都会想办法挤时间到王府井大街北边的商务印书馆涵芬楼书店买些书。每每看到贴在书店墙上的商务印书馆元老张元济的题词"**数百年旧家无非积德,第一件好事还是读书**",总觉得十分亲切。

我猜想,他把积德和读书摆在一起,或许与中国人笃信的"一命、二运、三风水、四积德、五读书"中对积德与读书的看法有关。

命是注定的,主宰一切;**运**也非人能完全控制;即使命和运都好,还要有好**风水**相辅助;以上三点皆不可强求,只有**积德**与**读书**可控,其中又以积德更为重要。

老子说:"**道生之,德畜之,物形之,势成之**"(《道德经·第五十一章》),是说道生我们,德育我们,我们因而成长,并有所成就。**积德主做人,修善心;读书主做事,长才能。德才兼备,人生才美好。**

但时下却有一种将读书、利己置于积德、为公之上的风气。许多学生一心"向钱看",将"一学位、二当官、三发财"作为人生目标。而在我上学那个年代(尤其是"文革"前学雷锋那个阶段),大家相信又红又专、以"红"(德)统摄"专"(才)。

回到张元济的题词,读书虽是人生第一件好事,但只有积德才能为自己和后人都造福。**读书是"取、得",一生收获不尽;积德是"给、舍",一生受用不完。书要读,德更要修。**

这就是我每次看到张元济的这句话都倍感欣慰的缘由。我至今怀念学雷锋那个时代的经历。这么多年来,虽然自己做的未必有多好,但一直没有忘记用其来自勉。

"才者，德之资也；德者，才之帅也"

这句话出自宋朝政治家司马光编著的《资治通鉴·卷一》。他在论述"智伯之亡"时，提出了关于"德"与"才"的区别与作用的精辟见解。我在此摘录并配译，供各位参考：

原文（1）："夫才与德异，而世俗莫之能辨，通谓之贤，此其所以失人也。夫聪察强毅之谓才，正直中和之谓德。才者，德之资也；德者，才之帅也。"

译文（1）："才"与"德"不同，但世俗之人往往分不清，一概将它们叫做"贤能"，这样就可能看错人。"才"是指聪明、明察、坚强、果毅；德是指正义、刚直、公正、平和。才辅助德，德统帅才。

原文（2）："才德全尽谓之圣人，才德兼亡谓之愚人，德胜才谓之君子，才胜德谓之小人。"

译文（2）：德才兼备是圣人；无德无才是愚人；德胜过才是君子；才胜过德是小人。

原文（3）："凡取人之术，苟不得圣人、君子而与之，与其得小人，不若得愚人。何则？君子挟才以为善，小人挟才以为恶。挟才以为善者，善无不至矣；挟才以为恶者，恶亦无不至矣。愚者虽欲为不善，智不能周，力不能胜，譬如乳狗搏人，人得而制之。小人智足以遂其奸，勇足以决其暴，是虎而翼者也，其为害岂不多哉！"

译文（3）：挑选人才的方法是：若找不到圣人、君子，与其得小人，不如得愚人。为什么呢？君子用才干来行善，而小人用才干来作恶。持有才干做善事，能无善不为；而凭借才干作恶，就无恶不作。愚人即使想作恶，因不够聪明，力量也不够，这就好像小狗扑人，人能制服他；而小人用诡计，阴谋足以得逞，他的力量又大到足以施暴，这就如恶虎长了翅膀，他的危害难道不大吗！

原文（4）："夫德者人之所严，而才者人之所爱。爱者易亲，严者易疏，是以察者多蔽于才而遗于德。"

译文（4）：人们敬畏有德的人而喜欢有才的人。人们容易亲近让人喜爱的人而疏远令人敬畏的人，所以察选人才者往往看到人的才干而忽略他们的品德。

1-4 上德不德，是以有德：
阴德和阳德之说

中国人常将"五福临门"作为春联的横批。两千多年前的官方史书《尚书·洪范》解释说："五福：一曰寿，二曰富，三曰康宁，四曰攸好德，五曰考终命。"（五福是：长寿，富裕，健康安宁，好德，善终。）许多人相信"好德"在五福中最重要，可以带来其他四福。

"德"是人们为人处世的准则。老子在《道德经·第三十八章》中做了两种"德"的极端对比：**"上德不德，是以有德；下德不失德，是以无德。"**（具备"上德"的人不表现为外在的有德，因此他们是真有德；具备"下德"的人表现为外在的不离失"德"，因此他们实际上并没有德。）

很多人相信因果报应，认为行德可以积德，行德是因，积累到一定程度后能够得到福报这个果，所以**积德和福报息息相关**。

我们可以将德分为阴德和阳德。老子所说的上德是完全不要回报的、不流于表现形式的德，或许和"慈悲"同义（从字面上看，"慈悲"是"此心非心"，即不分厚薄，同样看待，像太阳一样伟大），我认为阴阳两德介于老子说的上德与下德之间。

阴阳之德的区别在于人们行德的方式。阳德是公开行善，但可能被人诟责为沽名钓誉，"积"不下多少"德"，因为行善者已经从人们的赞扬中得到回报。然而，一人行善，带动别人效仿，弘扬了积德行善的行为，亦会有不小的福报。

行阴德则为做好事不留名，虽然也是求回报的，但是方式不同。行善者希望通过造福他人，福及自己的来生和子孙后代。有些人认为，**同样的善事，跟积阳德相比，积阴德的福报要更大。**

在我看来，只要是行善，无名（阴德）也好，有名（阳德）也罢，都是助人为乐，造福他人。只要功利心不太重，没有走到老子所说的**"为之而莫之应，则攘臂而扔之"**（（具备"下德"的人）做善事得不到回应时，就强要）那一步，都是值得颂扬和提倡的。

德的反面是损，也叫"缺德"。暗地里做坏事是阴损，公开地做坏事是阳损。损人必损己，甚至还可能祸害后代，正如《易经》所说的"**积善之家，必有余庆；积不善之家，必有余殃**"（《周易·坤·文言》）。

为善得福，造恶生祸。越多人"有德"，世界越美好。

德 的 高 低

上德：施德却不认为自己有德
阴德：默默地行善
阳德：公开地行善
下德：施德并标榜自己有德

    总是有企业做些损人的勾当。有些是"明损"，比如，通过垄断手段或趁人之危获取暴利，将"自己人"的快乐建立在"外人"的痛苦之上。还有些是"阴损"，比如暗中使坏（产销有毒产品）、当面撒谎（挂羊头卖狗肉）、虐待员工（钻法律空子逃避雇主责任）。为求心安，他们其中有些人一边做着亏心事，一边到庙里烧香捐钱，祈求佛祖罩住他们，岂不滑稽？

    有些企业的助人（施德）是以损害另外一些人的利益（施损）为代价的。例如，它们在河流上游建立高产值的生产基地，表面上给当地经济发展创造价值（生产产品、解决就业），积德；实际上工厂排出的废物严重污染下游环境，视他人性命安危于不顾，损人。

    这些企业的眼光都只局限于小圈子，自认为造下了一时之福，却是在以小我之利损大我之福，以当今之利损千秋之福。

    古话说："**不是不报，时候未到。**"这些损人的人必自食恶果。希望我们的企业能德字存心，真为自己、他人以及子孙后代造福。

1-5 终不自为大：
王之涣的黄河精神

"**白日依山尽，黄河入海流。欲穷千里目，更上一层楼。**"唐朝诗人王之涣的这首《登鹳雀楼》，几乎每个中国人都能倒背如流。

这首诗用词浅显易懂，意境却咫尺万里。诗人笔下即景生意，由意入理，融景色、境界和哲理于短短二十个字。读者的视野从上到下又及上，从远到近又及远，读后胸怀顿开。

"依山尽"描绘的是西沉而下的落日，是眼前的**实景**；"入海流"想象的是远去天边的黄河，是意中的**虚景**。但诗人并未止步于此，而是要"更上一层楼"，以"千里目"将短诗推引入更高、更远、更大的意境。

中国古代诗画讲究意境。我以为，这里的"白日"代表**天**，如严父威猛持重，凝视一段又一段华夏历史，人们虽敬却远之；"黄河"代表**地**，如慈母温柔无私，抚育一代又一代炎黄子孙，人们既亲又近之；"欲穷千里目，更上一层楼"则代表人。那么，诗人想借助这样的意境，表达怎样的胸怀和作为呢？

老子说："**大道氾兮，其可左右。万物恃之以生而不辞，功成而不有。衣养万物而不为主，可名于小；万物归焉而不为主，可名为大。以其终不自为大，故能成其大。**"（《道德经·第三十四章》）我这样理解这段话：大道像大河一样无所不到。万物靠它生长，它不推辞；它有所成就，但不居功。它养育万物，却不以万物之王自居，我们可以称它为"**渺小**"；万物归从它，它也不认为自己是万物之主，我们更可称它为"**伟大**"。正因它从不以伟大自居，所以成就其伟大。

有没有可能诗人暗喻人应该学习黄河的奉献精神——默默地滋养华夏民族却从不居功呢？

人生如登楼。只有在思想境界上不断"更上一层楼"（更高、更远、更大），不忘**奉献**社会，积德**造福**，人生之路才有可能迈向**圆满**（既"渺小"又"伟大"）。

平凡方显伟大。

一屋不扫者，何以扫天下？

伟大出于平凡，
成就来自点滴，
进步源于虚心。

普通中蕴藏着崇高，
成就是从量变到质变的过程，
保持不骄不躁才能带来长足的进步。

浮躁者，见财眼开者，
好大喜功，急功近利，哗众取宠，华而不实，
恶小而为之，善小而不为。①

"不积跬步，无以至千里；不积小流，无以成江海。"（《荀子·劝学》）
做营销，创品牌，浮躁之心不可有。
商场如饭局，一口一口地吃。

---

① （晋）陈寿，（宋）裴松之注，《三国志·蜀书·先主传》，湖南：岳麓书社2005年版。据裴松之注，"勿以恶小而为之，勿以善小而不为"是刘备临终前对儿子刘禅的嘱咐。

1-6 有无相生（一）：
向曹操学加减法

"做"和"生意"是"做生意"的两面。"做"要**动手**（实、有形、产品），"生意"要**用心**（虚、无形、品牌）。

"**生**"可指**生存**、**生长**。两者同为生命形式，在一般人看来，前者低级，后者高级。企业家在企业发展**前期**宜多考虑"**生长**"（有所为），**后期**则应注重"**生存**"（有所不为）。否则，违背了"**道法自然**"的规律（《道德经·第二十五章》），会出大问题。

"**意**"可指**创意**、**意义**，两者都能给生命带来**活力**，前者是表，后者是里。我常对企业家朋友们说，希望他们不仅能做到生意"**圆满成功**"，更能活出**生命的意义**。

老子说，"**有无相生**"（《道德经·第二章》），意思是有与无相辅才能相成，做生意也是如此。

企业或产品在**生命周期的早期**，做生意必须是**手**、**心**皆到，勤动手而懒用心不成，只用心而不动手就更不成。到了**后期**，最佳做法是"**三十六计，走为上计**"。这也是一种有无相生，意在**圆满闭幕**。

写到这里，我想起了曹操的两首诗：《观沧海》和《龟虽寿》，虽说都是公元207年曹操平定乌桓、消灭袁绍的势力后回师途中作的，但我猜《观沧海》写在前，《龟虽寿》写在后。当然，这只是猜测，没有考证过。

我的猜测理由如下：

《观沧海》诗中说："日月之行，若出其中；星汉灿烂，若出其里。"在曹操眼中，大海面前的日、月、星、汉（银河）都显得渺小，**一统天下之志气跃然笔下**，描述出沉浸在胜利喜悦之中的曹操，**渴望建立更大功业的雄心**。

而《龟虽寿》诗中说："神龟虽寿，犹有竟时。腾蛇乘雾，终为土灰。老骥伏枥，志在千里。烈士暮年，壮心不已。盈缩之期，不但在天。养怡之福，可得永年。"曹操一算，自己已然52岁，虽有一统天下的壮志，但力不从心，还不如**保养身心、延年益寿**。

道法自然，有无相生。"无"时作"有"（**加法**），找"**危中之机**"；"有"时作"无"（**减法**），寻"**机中之危**"、明"**致命之危**"。

只有"一时"，不可"一世"。居安思危，争取圆满。

创业者不同于守业者

企业家"打"天下,领袖"平"天下。
"王子"逐鹿中原,"天子"整固江山。
"无"时奋进、冒险,"有"时充分利用资源、降低风险。

少年英姿,志在四方;壮士暮年,雄心不已?

向上拓展,向下加固?
蜕变,决裂,"战略转移"?

人无我有,人有我优,人优我精,人精我走?

1-7 上善若水：
自强不息，还是利万物而不争？

儒道两家，浑然一体。儒家主张有为，可谓阳；道家主张无为，可谓阴。两者一进一退，几千年来无时无刻不影响着中国人。

我们先看以下两句话：

一句是"**天行健，君子以自强不息**"（《易经》），代表儒家的主张。

另一句是"**上善若水，水善利万物而不争**"（《道德经·第八章》），代表道家的主张。

此两句皆旨在警示世人需提高自己的人格和境界，虽然落脚点似乎迥然不同，但其实质却相辅相成。

前一句在于"**推己**"，鼓励人们模仿天的刚健，以求奋发自强，象征价值；后一句则在"**度人**"，劝慰人们效行水的柔弱，达到利人不争，反映本质。

前一句，落实于行是"**地势坤，君子以厚德载物**"，即人像大地一样，以厚德对待人与事；后一句，落实于行是"**处众人之所恶**"，即处在众人不愿意处的地方。

再看两句话：

"**天道酬勤**。"（老天爷的原则是厚待勤奋的人。）（《论语》）

"**天道无亲，常与善人**。"（老天爷的原则是不分亲疏，佑护行善的人。）（《道德经·第七十九章》）

两者都谈冥冥之中的"天道"，但前者认为老天爷青睐有为的人，因为其本身主张"行健"（有为）；而后者认为老天爷喜欢友善、厚德的人，因为其本身主张"利万物"（无为）。

做人无论设置多高的目标都必须落于实处，要勤，要善，更要有德，缺一不可。

做品牌若想生生不息，也应如此：只有严格地要求自己，诚挚地对待顾客，我们才有可能被顾客接受。落实于行更加重要，因为顾客不仅关注我们开始时"承诺"了什么，更关注的是我们后来"做到"了什么，以及我们的良心所在。

"推己"和"度人"，一阴一阳之谓道（《易经·系辞上》），中华文明因此而生生不息。

儒与道的主张

天行健,君子以自强不息
地势坤,君子以厚德载物

上善若水,水善利万物而不争
处众人之所恶,故几于道

1-8 自知者明（一）：
刘邦的《大风歌》

"智"者寻胜利之路，"明"者立不败之地？

刘邦是西汉王朝的开国皇帝。他虽出身布衣、武功平平，却能力挫群雄，于公元前202年称帝，史称汉高祖。

公元前195年，刘邦平定九江王英布叛乱后回到家乡，宴请昔日好友饮酒。酒酣意浓之时，想起一些以往同打天下的兄弟如今刀兵相向，内心一片凄凉。感伤之余，刘邦唱起了他自己创作的《大风歌》："**大风起兮云飞扬，威加海内兮归故乡。安得猛士兮守四方？**"

这首诗中，第一句说"**打天下**"，刘邦的眼前浮现的是秦末天下大乱、群雄四起、中原逐鹿的战争场面；第二句讲"**得天下**"，说的是威镇天下、荣归故里的兴奋心情；第三句谈"**安天下**"，道出了刘邦对**是否守得住天下**的忧虑。

在此之前，刘邦这样总结过自己前两个阶段胜利的原因：张良、萧何、韩信"**三者皆人杰，吾能用之，此吾所以取天下者也**"（《史记·高祖本纪》），即关键是自己能做到知人善任。这里，知人在先，善任在后；知人又以知己重于知彼。

老子说："**知人者智，自知者明**"（《道德经·第三十三章》），意思是了解别人叫"**智**"（小聪明），了解自己叫"**明**"（大智慧）。对于刘邦来说，天下大定后，虽兵马依旧，但已物是人非。曾经在战场上生死与共的帅和将已变为朝堂上的君和臣，彼此之间的地位、利益和关系均已改变。或许刘邦在想：还有多少昔日共同奋斗的兄弟将离心离德、反目成仇呢？自己这个当年的"大哥"还有足够的知人之智与知己之明来保住天下吗？难道即使是当了皇帝也解决不了**亲兄弟"共患难易，同富贵难"**的千古难题吗？

刘邦唱完这首豪壮而又略带凄凉的《大风歌》后，仅数月就一病不起。

创业难，守业难，保命最难？

有人信"团结就是力量"，亦有人信"合作导致竞争"，还有人信"不破不立"。究竟谁是对的呢？

知人、知面、不知心

香港新鸿基地产是全球最大的上市地产企业之一，也是业界公认的比较成功的子承父业模式的企业。创办人郭得胜去世后，公司在他的三个儿子郭炳湘、郭炳江、郭炳联的带领下，日益壮大。其"以心建家"的信念和实践深得好评，郭家兄弟更被认为是"**兄弟连心，其利断金**"的典范，郭氏家族连年在《福布斯》杂志的富豪排行榜上名列华人富豪之前茅。

然而，从2008年年初开始，新闻媒体上便有不少关于郭家**兄弟失和**的报道。三兄弟不再**同声共气**。是年5月，公司主席兼行政总裁郭炳湘被免职，他年近八旬的母亲邝肖卿接任公司主席一职，两个弟弟则共同担任行政总裁一职。这种安排给了郭炳湘从此能在家族生意以外以个人名义**另起炉灶**的空间。

"画龙画虎难画骨，知人知面不知心。"（《水浒传·四十五回》）关于郭家兄弟分道扬镳的许多内情外界可能永远无法知道。我们这里关心的是：为什么**兄弟阋墙**，以及该如何看待此事？

我们生活在一个通信高度发达的时代。了解一个人的存在易如反掌（**知人易**），想了解这个人的长相也不难（**知面易**），但是，想知道他内心在想什么则不容易（**知心难**）。

都说眼见为"实"，但人心是"虚"的，是难测的。且不说了解其他人的内心，就是我们自己也不能够完全了解自己的内心吧（**知己最难**）。

人们（包括手足）聚在一起做生意通常是由利益驱动的。每个人能力有大小（**人，做事**），在组织里的地位有差别（**面，做人**），抱负（**心，心性**）也不尽相同。三者均可能变化，这其中还包括因外界的影响（天、地、他人等）而产生的变化（包括巨变）。

人生聚少离多。一些早先同甘共苦的生意伙伴后来变成同床异梦。若同室操戈无法回避，至少应该避免同归于尽。当大家无法同心同德、白头到老时，好聚好散、各奔前程或许是最好的结果。

强拧的瓜不甜，强摘的花不香。

是谓："道不同，不相为谋。"（《论语·卫灵公》）

1-9 自知者明(二)：
心中有梦可喜,心中有数可贺

《孙子兵法·谋攻篇》中说："**知彼知己，百战不殆；不知彼而知己，一胜一负；不知彼不知己，每战必败。**"然而孙子并没有提到"知彼而不知己"。

我以为，"知彼而不知己"时开战是不明智的。"知彼"虽能洞悉敌人之固，"不知己"却不能明己之弱，以己之弱而贸然击敌之固，不啻于以卵击石。

知己比知彼难。在此借用宋朝诗人苏轼的七绝《题西林壁》来解释。诗的前两句说景："横看成岭侧成峰，远近高低各不同"，讲知彼难。庐山峰峦起伏，千姿百态，即使远观也是步移景换，扑朔迷离。诗的后两句即景说理："**不识庐山真面目，只缘身在此山中**"，讲知己更难。身处庐山，自己成了山的一部分，受视野所限，目力所及的只是一峰一峦的局部景观，可谓"见树不见林"。世上万事万物往往是：旁观者清，当局者迷。所以，**医者不自医，算命者不自算，法官不判亲友案**，都是为避免主观影响，选择知难而退。

知己比知彼重要。知彼或可取胜、得江山，知己则能立于不败之地、保性命。然而，知己看起来简单，却难以透彻。对此，唐太宗李世民曾有一番论断："**人欲自照，必须明镜；主欲知过，必借忠臣。主若自贤，臣不匡正，欲不危败，岂可得乎？**"（人想照见自己靠明镜，君主想知道自己的过失靠忠臣。假如君主自以为圣明，臣下又不去纠正，要想国家不倾危败亡，怎么能办得到呢？）(《贞观政要·求谏》)

老子说："**知人者智，自知者明。**"(《道德经·第三十三章》) 知彼(向外，了解)是才智(intelligence)，而知己(向内，反省)才是明智(wisdom)。能将自己的长处发挥到极致是"聪"，能正确认识并克服自身的缺点为"明"。要既聪且明，须"**日三省吾身**"(《论语·学而》)。

明智的将帅不打无把握之战。企业领导也一样，对外时，企业是己，外界是彼；对内时，自己是己，下级是彼。无论对哪个"己"或"彼"，在没有了如指掌时就匆忙做决策，都可能致命。而所有的问题中，最可怕的莫过于高估自己，"自我感觉良好"，看不到自己的"短"，即使"大势已去"也不自我修正。这是不是"掩耳盗铃"呢？

人贵有自知之明。心中有梦可喜，心中有数才可贺。

有惊无险地跑马拉松

51岁那年，我首次参加香港的一个全程马拉松赛事。组委会限定完成时间是五小时。四个多小时后，我顺利跑完。

不少年轻人都会担心42.195公里的遥远，何况对于一个已年过50的"老头"。但在赛前我心里已基本有谱，知道自己应该能在规定时间内完成赛程。

1965年，我考上福建沙县一中，平时寄宿在学校，周末要回家拿米。当时我家所住的柱源村距离县城七八公里，大多数时间都搭不上车，于是习惯了步行。

1966年年底到1967年2月间，我曾从沙县步行串联到上海，全程超过1000公里。途中大多数时候都背负小被子和衣服步行，有时甚至连续几天日行100里左右。负重行军，我的脚常常打出水泡，但也练就出了硬脚板。

1975年上大学后，我开始练习长跑。福州大学运动场那条标准跑道上时常留下我的身影。我参加土建系的5000米比赛时还曾拿过奖牌。

出国留学后的十多年里，受条件限制，我没再练习长跑。

1994年到香港后，我常行山，并又开始长跑。

在首次参加全程马拉松赛事前，我已参加过许多长跑"比赛"。这里将"比赛"加引号是因为其中许多都算不上真正意义上的比赛，只能算是计时的带有普及性质的跑步活动，这当中包括5000米、10000米、半马拉松以及半跑半走的50公里长的港岛径"跑"。每一项我都参加过好几次，每一次也都顺利跑完。我曾经连续几年参加香港城市大学年度校运会教职工组的5000米长跑比赛。这是真正的比赛，我几乎每次都得到第二名，而第一名的年龄大多小我二十来岁。

以上的运动经历让我对全程马拉松这个"彼"有了一定的了解，"身""心"都做了多年准备，虽然没跑时还是"**有惊**"，好在真跑时"**无险**"，我感到幸运，也很高兴。

我从未参加100公里的超级马拉松的赛事，因为我对它了解不充分，自知身体条件也不"达标"。

我希望各位在生意场上如同我跑马拉松一样做到"**知己知彼**，**胸有成竹**"。

祝大家心想事成，也希望将来有机会听到读者分享自己跑马拉松的经历。

1-10 九层之台,起于垒土:
人情练达即文章

每当看到"世事洞明皆学问,人情练达即文章"(清·曹雪芹:《红楼梦》)这副对联,我都觉得自己还有许多需要改善、提高的地方。是哪些地方呢?

请先看看这副对联说的是什么。

- **世**:世理,普遍规律(大);**事**:事理,具体规律(小)
- **人**:世人,因人而异(先);**情**:事情,因事而异(后)
- **洞**:洞察;**明**:明了;**学问**:能把世间的道理弄懂
- **练**:熟练;**达**:通达;**文章**:能把人间的事情办好

合起来的理解就是:做人做事不光要懂得大道理(**达理**,关),还应懂得如何将这些道理落实(**通情**,系)。对企业家来说,如果不懂世故人情,哪能成功呢?现代人做生意,除了要**合情**(事无巨细,件件有情,对得起良心——人,小)、**合理**(无时无地,理字当头,对得起天地——天地,大),还得**合法**("新"世事,所有权要明晰,经营运作要规范)、**合算**("新"人情,付出和回报要大致平衡,亲兄弟也明算账)才行,把握好这"四合"才有可能做好生意。

先做好小生意,等"文章"积累多了("开篇"以后,"写出"不少好的"下文"),大生意的"学问"自然接踵而来。这和老子所讲的"**九层之台,起于垒土**"(九层的高台是由一筐筐泥土筑起来的)(《道德经·第六十四章》)的道理是一致的。

古人云:"不知天文地理者不足以为将,不通风土人情者不可以行商。"因此,学会生意经要行万里路(明白世界和社会)、交万种人(读懂别人和自己)。"一步""一步"来,"登天"才有可能。

无论是理论上的文字激扬还是商场上的纵横捭阖,都是"文章",都需要做到"人情练达"(**策略**)。而如果想做成世界名牌的话,必须要"世事洞明"和懂得大道理(**规则**),这是更大的"学问"。

清朝诗人石韫玉有副对联这样说道:"**精神到处文章老,学问深时意气平**"(精神足,文章才老到;学问深,意气方平和),与开篇提到的那副对联如出一辙。我这里只是些书生意"气",纸上作画,各位见笑了。

为什么生意难做？

纵然拥有一流的技术和可靠的产品,但却不懂得做人,服务极差。

只是通了世事,善于"洞明"(合理,合法,"坚持己见"),但却不谙人情,欠缺"练达"(不合情,不合算,"六亲不认")。

为什么生意好做？

既通世事又近人情——德才兼备,全能型

有些人通"世事",有些人近"人情"——各尽所能,专才型

领导善世事(国情),员工通人情(亲情)——各守其职,分工型

能从事理学世理,能从通人情到通国情——善于归纳,学习型

善用大道管小道,善将国计变民生——长于演绎,创新型

办企业就像写文章,写得好方显大学问。

一个企业家做生意的学问扎不扎实,就看他生意场上的文章够不够精彩。

1-11 圣人抱一为天下式：
一荣俱荣，一损俱损

老子说："道生一，一生二，二生三，三生万物"（《道德经·第四十二章》），可见"一"是"一切"的始源（"一"是本原、全部，"切"是分割、局部）。老子又说："圣人抱一为天下式"（圣人坚持将"一"作为天下行事的范式/原则）（《道德经·第二十二章》），这说明"一"还体现天地万物的本质。

一统九九，九九归一。以下是一些有关"一"的正面例子：

为人要诚恳，"一心一意"，要"心无二用"。

答应别人的请求要干脆，"一句话"就够，"一家人不说两家话"。

既然是"一家人"，要"一唱一和"，不要"各行其是"，不要"二意三心"；要"三复斯言"（始终如一，极为重视），不要"朝三暮四"。

应允了的事要"一言九鼎"，要"言无二价"，不要"二三其德"（心意不专，反复无常）；要"三复白圭"（慎于言行），不要"三翻四复"。

倘若完不成别人请求之事，必须说得"一清二楚"，不可"模棱两可"。

总而言之，"一以贯之"，才可能"一荣俱荣"（也叫"一人得道，鸡犬升天"或"一子悟道，九族生天"）。

反面的"一"也不少，可能会误事、失友，甚至致命。比如，"一着不慎，满盘皆输"；"一念之差，一败如水"；"一哄而上，再哄而散"；"一颗老鼠屎，坏了一锅汤"；"一叶障目，不见泰山"；最糟的可能是"**一意孤行**"而导致"**一损俱损**"。

小时候，父亲曾告诫我，"一家人盖不起龙王庙，一个人造不起洛阳桥"；"一根木头支不起天"；"独木难成林"。

现在，我常听企业家朋友们说：创业不可能"一帆风顺"，做品牌不要想"一步登天"、"一举成名"，"饭要一口口地吃，路要一步步地走"；没有把握的事，谨慎为好，"一动不如一静"；创新是求"独一无二"，要努力找到"自古华山一条道"，这样才能"一夫当关，万夫莫开"，但不要妄想"一手遮天"。

最后，"一时之胜在于力，一生之胜在于理"。这里的"理"是"道理"，是"一"的本质。

故宫殿名之联想：和合而得一

游北京故宫时，我了解到故宫的布局和功能分外朝和内廷两大部分。外朝以太和殿、中和殿、保和殿三大殿为中心，内廷以乾清宫、交泰殿、坤宁宫后三宫为中心。乾清宫是皇帝寝宫，处于内庭的最前面；坤宁宫是皇后寝宫，位于内庭的最后面；交泰殿在中间。听导游说，内廷三宫的名取自儒家经典《易经》："乾"象征"天"，代表"男/帝"，"清"意为"清正"；"坤"象征"地"，代表"女/后"，"宁"意为"宁静"；"泰"意为"平安、畅通"，"交泰"是"天地交泰"的简称，意为**帝（主外）后（主内）关系和谐**，寓意天下太平安定。

读《道德经》后，我觉得这些宫的取名应该也和《道德经》有关。《道德经》第三十九章说，**"昔之得一者：天得一以清，地得一以宁，神得一以灵，谷得一以盈，万物得一以生，侯王得一以为天下贞"**（自古因得"一"而成的例子很多，比如，天得到"一"而清明，地得到"一"而宁静，神得到"一"而灵妙，河谷得到"一"而充盈，万物得到"一"而生长，侯王以一为本而成为天下人的首领）。"清"是因为"天得一"，"宁"是因为"地得一"，"侯王得一"则天（帝）地（后）"交泰"，导致"天下贞"（国泰民安）。这里，交泰殿是连接乾清宫和坤宁宫的"一"。这个"一"，正如殿正中上方康熙皇帝所题的"无为"匾所示，是帝后之间不折腾，内廷和合而得一，也是外朝三和（太和、中和、保和）而得一。内廷外朝一条心，天下从此和谐一致，**家和天下兴**。

从企业做品牌的视角看，也需内外相"和"方能"万事兴"。和是一，一是和，从内部做起，"里应外合"才行。康熙的孙子乾隆皇帝也曾说过："**合内外之心，成巩固之业。**"(《热河志·卷二五·行宫一》）内、外无法"和"、"合"的话，是不可能成就"巩固之业"（"一"）的。

同样，老子也认为不遵从"一"的后果不堪设想——**"天无以清，将恐裂；地无以宁，将恐废；神无以灵，将恐歇；谷无以盈，将恐竭；万物无以生，将恐灭；侯王无以正，将恐蹶"**（（离开了"一"）天不能保持清明，将坍塌；地不能保持宁静，将颤抖；神不能保持灵妙，将消失；河谷不能保持充盈，将涸竭；万物不能保持生机，将绝灭；王侯不能保持清静，将失国）（《道德经·第三十九章》）。

这将是十分可怕的。

1-12 大巧若拙,大富若穷:
不忘稼穑艰辛

"**大巧若拙**"(真正聪明的人,不显露自己,看似笨拙)(《道德经·第四十五章》)和"**大富若穷**"(真正富有的人,不显露自己,看似贫穷)在境界上是相似的。

大巧若拙。关于此,我想和大家分享一些自己的经历。我没有聪明的本钱,只上过十五年学(中国的十年加美国的五年):小学六年,中学一年,大学三年(工农兵学员),MBA两年,博士三年。相对短暂的国内求学生涯让我的中文底子很薄——本书的很多内容都请我的学生们修改过几遍。自1994年离开北美已经快二十年了,所以英文已退步了不少。虽说现在在香港生活,粤语却没学好。若非要说有什么"强项"的话,也许只有白了的头发让我可以倚老卖老,所以人们叫我"老"师是有道理的。

我的"拙"在很多方面显而易见。比如,无论是手机还是电脑,我至今仍不太懂得使用。这说明,在某些方面,我正一步步地落后于时代。

不过我并不耻于自己的"拙"。作为"学"者,我知道自己的"学"和"识"皆有限。**生有涯,学无涯,思也无涯**,我时刻都想学习一些新东西。**学习如逆水行舟,不进则退**。

大富若穷。我不是"大富"。仍记得1984年5月念完MBA后从美国回福建探亲,我带回了电风扇和彩色电视机。三岁的大女儿很是兴奋。当时,我们住在福州西湖旁边的福建教育学院里。宿舍是木结构的,夏天非常热。有了电扇和电视,女儿就可以在家里和邻居一起看电视,而不用晚饭后赶着到西湖边乘凉了。**比上不足,比下有余**。那时我觉得满足,这么多年来我也一直感恩。

现在,很少有孩子会因为家里买电风扇或彩色电视机而兴奋,毕竟生活水平提高了。虽然大多数人衣食无忧了,却常常有人因他人比自己有钱而愁眉苦脸,甚至有些人为了面子而"穷大方"——酒席结束时不将海量的剩余食品打包带走而悉数丢掉就是一种表现。我和妻子都插过队,深知粮食来之不易。如今的生活比起从前虽已富足很多,但我们仍然教育孩子们要**珍惜粮食**,也希望她们**不要唯富是求**,同时又要保有一副帮助他人的热心肠。

越珍惜,越快乐

清朝文学家王永彬所著《围炉夜话》里有以下一段话:"**家纵贫寒,也须留读书种子;人虽富贵,不可忘稼穑艰辛**。"留读书种子是向前看、发愤图强,不忘稼穑艰辛是向后看、珍惜拥有。

如今,几乎人人都有受教育的机会,"学"人家的(虚),"习"自己的(实),应该更懂道理、更有道德(虚),更多地为人类作贡献(实);生活条件好了,年纪大的要"忆苦(温饱)思甜(小康)",年纪轻的更要"思苦(比下)知甜(知足)"。

珍惜拥有并不是让我们"驻足",而是学会"满足"。满足于上天的恩赐和关爱,才有动力去爱他人、爱社会、爱地球,才会将"知福"转化为"造福"。

我常对孩子们说,我们不缺拥有,缺的是珍惜;我们越坚持精神上的"爱我所有",而不总是坚持物质上的"有我所爱",人生将越快乐。

1-13 不失其所者久：
"国在山河破"

改革开放为中国带来了新的生机，创造了令世界叹为观止的经济增长奇迹。然而我们付出的代价也是惨重的：破坏自然、追求物质、践踏道德的事件层出不穷，带来了严重的**环境、物质、精神**的**三重污染**。

1993年，作家谌容到香港出席一个研讨会时曾这样说道：当年杜甫曾感叹"国破山河在"，而今我们却面对"国在山河破"的局面——至少部分山河是"破"的。[①]

山河既破，气候和环境日益恶劣，精神上的困顿也越来越多。长此以往，有钱、有车、有大房子又有什么用？如果我们再不及时反省，那就真的是"**吃祖宗饭，断子孙粮**"，小小的地球很快将不再适合人类生存。

面对环境、物质、精神的**三重污染**，我常感困惑：难道人类寻求"发展"、追逐"利益"就是"自掘坟墓"吗？**人之"常"情，天地难容？**

我们都清楚地知道"**强行者有志**"（做生意要有恒心和魄力），但对"**不失其所者久，死而不亡者寿**"（《道德经·第三十三章》）（做人要对得起自己，更要对得起后人）的参悟只是模模糊糊（见1-1）。我认为，这其中的关键在于如何平衡"志"、"久"和"寿"三者的关系：这里的"志"、"久"、"寿"分别代表人、地、天，即儒家所谓的"**三才**"。三者要想"合一"，必须服从于更大的"道"（老子将人、地、天、道叫做"四大"，其中道"最大"），毕竟自然才是终极的平衡。

古人云："**不孝有三，无后为大。**"（《孟子·离娄上》）我们现在缺的是对自然的敬畏之心。我们只有遵从道，对"山河""尽孝"，将已"破"的加以"修复"、对未"破"的施以"保护"，这样人人都"久"了，"国在"也才有意义。

所以，"**不失其所者久**"。

金银虽大把，垃圾比山高。近看似胜，远看是败。我是喜忧参半。

[①] 徐迅雷，"绝不能'国在山河破'"，《中国经济时报》，2007年7月6日。

环境、物质、精神的三重污染

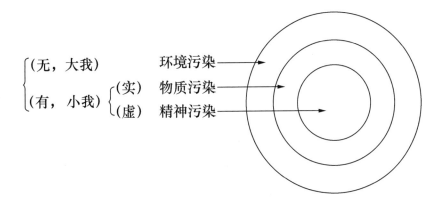

从"有所为有所不为"到"无为而无不为"

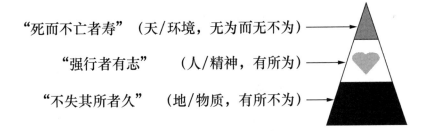

1-14 道之出口淡乎其无味：
香港的中秋垃圾

2011年中秋夜，许多香港市民外出，仅到维多利亚公园赏月游园的民众就有20万之众。和往年一样，游兴之余，人们留下不少垃圾，仅康乐与文化事务署辖下的场地前就达73吨。

中秋佳节，人月两圆。人们借第三圆——月饼——来庆祝这两圆。但月饼的浪费严重，据香港环保团体绿色力量的调查推算，2010年中秋节港人共丢弃212万个月饼，足以填满25个篮球场。

众人皆知"谁知盘中餐，粒粒皆辛苦"（唐·李绅：《悯农其二》），但现今又有几人在丢弃月饼垃圾时还记得这两句诗呢？

值得一提的是，这些被人们丢弃的月饼只是月饼垃圾的一部分。绿色力量透露，一盒月饼一般约含11件包装组件，最多的达47件，外表虽然精美，但极其浪费。

更要注意的是，月饼垃圾还只是中秋垃圾的一部分，其他的中秋垃圾还有随地丢弃的荧光棒、灯笼、蜡烛等。

庆中秋是庆阖家团聚，赏月、游园、吃月饼等本是为了助兴，增加欢乐的气氛，但我们能把自己的快乐建立在别人的痛苦上吗？如果这个"别人"是自己的母亲，还能快乐得起来吗？在庆祝欢乐时光的同时，我们要珍惜眼前美好的一切，特别是我们的地球母亲。随着年岁日长，我的这种想法也越来越强烈。

老子说："乐与饵，过客止。道之出口，淡乎其无味，视之不足见，听之不足闻，用之不可既"（音乐和美食，能使过路人停步。而"道"说出来，却淡而无味。看它，看不见，听它，听不到，用它，用不完）（《道德经·第三十五章》）。少时追求轰轰烈烈，现在才知平淡方是最真。也许是一缕清风，也许是一抹红绿，往往只需你我举手之劳。珍惜地球吧，她也会还我们既简单又舒服健康的生活。

对于减废环保的中秋节，你有什么建议呢？

减废环保，匹夫有责

刚刚提及的中秋垃圾只是香港垃圾问题的一小部分。现在，堆填区爆满问题已迫在眉睫。特区政府一直希望在屯门建焚化炉，却遭到屯门居民的大力反对。在庞大的政治压力下，特区政府又提出在远离人烟的离岛石鼓洲旁填海建焚化炉，但又遭环保团体以影响江豚及白腹海雕为由抗议。如果本届政府不能赶在任期内（2012 年 6 月底）申请到拨款，整个工程将从头再来，届时工程进度将严重滞后，香港三个堆填区将有可能被"逼爆"。①

怎么办呢？《香港经济日报》的一篇社评说："**大家（一起）承担责任，才能环保减废。最理想的方法是港人改变生活习惯**，减少制造废物，并协助废物回收循环再用……即使减废与回收如何成功，亦始终有一定数量的垃圾，仍需以堆填或焚化等方法处理；希冀可毫无代价地处理垃圾，或回避抉择付出哪些代价，只是掩耳盗铃地走进镢头路。"②

堆填区爆满问题在内地也很常见。"调和"当今利益和长远发展不是件易事。以数年前北京六里屯垃圾焚烧发电厂项目为例。这是为了解决垃圾处理问题而列入北京市"十一五"规划的重点建设项目。但是，这个项目不仅仅会污染六里屯周边居民的生存环境，对长远的环保也不利。③

在各方面人士的共同努力下，2007 年 6 月 7 日，国家环保总局建议该项目在进一步论证前应予缓建。2011 年 1 月，六里屯垃圾焚烧发电厂项目确定被"废除"。新的垃圾焚烧厂将建在距六里屯约 20 公里的大工村。然而，新的问题或将出现，大工村周边分布着凤凰岭、鹫峰等景区，垃圾焚烧项目会对景区的自然生态环境产生什么样的影响呢？④

减废环保，匹夫有责。你对此有什么建议呢？

---

① "环保署又撤石鼓洲环评"，《香港大公报》，2011 年 5 月 13 日。
② "建垃圾焚化炉，没有免费午餐"，《香港经济日报》，2011 年 2 月 18 日。
③ "北京六里屯垃圾焚烧发电厂缓建始末"，《民主与法制》，2007 年 8 月 9 日。
④ "北京六里屯垃圾焚烧厂项目确定被废弃"，《京华时报》，2011 年 1 月 20 日。

1-15 金玉满堂,莫之能守：
要"钱"还是要"命"？（二）

老子谈及长保之道时说："**持而盈之,不如其已；揣而锐之,不可常保；金玉满堂,莫之能守；富贵而骄,自遗其咎；功成身退,天之道。**"（《道德经·第九章》）

"金玉满堂,莫之能守"是针对物质性强的人说的：物质财富再多,也无法永远占有。"富贵而骄,自遗其咎"是针对重名利的人说的：富贵导致骄横,自取祸患。说这些应该是基于他对以下现象的感悟："揣而锐之,不可常保"（千锤百炼出锋芒,但却无法永久保持锐利）。所以,"持而盈之,不如其已"（日积月累到满溢,不如及时停止）。最重要的是,"功成身退,天之道"（功业完成之时就应该抽身、看淡）,因为这才符合自然之道。

老子还说："**名与身孰亲？身与货孰多？得与亡孰病？甚爱必大费,多藏必厚亡。故知足不辱,知止不殆,可以长久。**"（名誉和生命哪个更亲切？生命和钱财哪个更重要？得到名利和失去生命哪个更有害？越爱名,损失越大；越贪财,损失越重。知足不会受屈辱,知止不会入险境,如此可长保平安。）（《道德经·第四十四章》）

善进更要知退,善得更要善让。知足是知趣,知趣是知去,知去才常乐。人到一定的时候,最值得"争"和"取"的不是钱,而是身心健康、长寿善终。

什么时候才是"一定的时候"呢？或许我们可以从宋朝诗人陆游的诗《冬夜读书示子聿》中得到一点启示："**古人学问无遗力,少壮工夫老始成。纸上得来终觉浅,绝知此事要躬行。**"（古人做学问是坚持不懈的,他们往往是年轻时就开始努力,到老才成功。从书本上得到的知识是不够的,必须实践才能加深理解。）

任何时候都是知退善让的"一定的时候"。遗憾的是,许多人似乎天生就执迷不悟,到老仍无法自拔,贪而无厌、锋芒毕露、骄横跋扈,放不下心、松不了手、合不上眼。

名利身外物,知足无价宝。

然而,似乎一意孤行、屡教不改者多,悬崖勒马、返本还源者少。

美国文化、儒家文化和老子哲学的基本区别：

美国文化追求"金玉"，
儒家文化崇尚"富贵"，
老子则要人们"功成身退"。

有些人总说："我离金玉满堂很远，八字还没一撇呢！"

永远想钱，永远"眼红"，永不知足，永无宁日。

谈到钱，天下起码有四种与它有关的人：
第一种没有钱，但心里想钱；
第二种有钱，但心里还想钱；
第三种没有钱，但心里不想钱；
第四种有钱，但现在不想要了。

无论哪一种，都和"想"有关。

你属于哪一种呢？

第 2 部分

天地不仁，以万物为刍狗：中美文化差异

2-1 知不知,尚矣:
天下四种文化人

"**少小离家老大回,乡音无改鬓毛衰**。"(唐 ·贺知章:《回乡偶书》)

我是土生土长的福建人,在美国接受正规高等教育,现住在香港。我的普通话不标准,英文发音也不标准,广东话更是讲得"麻麻地"(不地道)。每当交流时,我多少都有种"里外不是人"的感觉。有人因此说我不能算是"真正的"中国人。

在分析中国人与外国人的异同时,我按照"天、地、人"的层次,建构了一个"天下四种**文化人**"的框架(这里的"文化人"在定义上与大家常说的"文化人"不一样,意思是"属于某种地域—民族文化的人")。简介如下:

天圆地方。在下一页的图中,大圆表示"天"(全世界);圆里的大方块表示"地"(天下),小方块表示天下四种属性不同的"文化人"。这样划分是出于可分析性和便利性考虑的,它假定不同地区的人民通过千万年的集体生活,积淀和形成了相对独立于政权体系(国家)更替而稳定存在的文化体系(社会)与民族性格(人)。

根据天下人与中国人的关系,我们可以用"表"(长相/行为)与"里"(思维/价值观)两个维度区分这四种人:(1)华人(严格地说,我这里指的是"中国人"——用汉族代表五十六个民族);(2)"香蕉"("伪"华人);(3)"老外"(非华人——没有贬义的意思);(4)"红心番薯"("类"华人)。外表和内心都为标准炎黄子孙的是华人;黄皮肤但骨子里为"老外"的是"香蕉"(比如现任美国驻华大使骆家辉);标准"老外"与标准华人相对应;"红心番薯"外表虽不是华人,却习得了较多华人的认知习惯和行为方式(比如在中国工作、生活的加拿大人大山)。

老子说:"**知不知,尚矣。不知知,病也。**"(知道自己有所不知,是明智;明明不知道却自以为知道,是愚蠢。)《道德经·第七十一章》

随着市场全球化进程的加深,我们与"外国人"打交道早已是和尚吃豆腐——家常便饭。但我们与他们相互之间深层次的了解不足。甚至于,就连我们对"自己人"的了解也很有限。毕竟,中国幅员辽阔,文化的地域性差异也很大。

老子紧接着又说:"**圣人不病,以其病病。夫唯病病,是以不病。**"(圣人不出错,是因为他知道自己有所不知。因为他知道自己的不足,所以他是明智的。)《道德经·第七十一章》

如果一个企业想要在全国乃至全球市场畅通无阻,一定要入乡(表)随俗(里),深入了解当地文化才行。

天下四种文化人

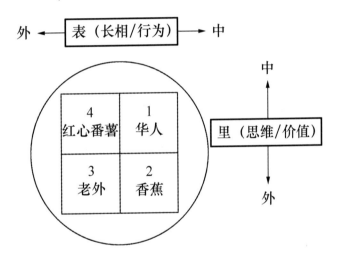

2-2 高下相倾(一)：
中美文化阴阳

"一阴一阳之谓道。"(《易经》) 我主要采用**文化阴阳法**进行文化差异分析。在此与各位分享我构思的三个**文化阴阳**对比。其中两个是跨文化对比（中美文化），另一个是文化内对比（儒家文化和道家文化）。

1982 年，我赴美国念 MBA，首次接触到小政府、大市场的异邦文化。美国市场经济的发达程度和企业为满足消费者需求而付出的心力都让我印象深刻。于是，我认真地学习美国营销理论和实践。

1994 年来香港后，我才开始认真考虑"心物一元"，把美国文化和儒家文化当做一组跨**文化阴阳**来分析。美国文化（在此主要指**牛仔文化**）侧重于"以**物**为本"，更关注"**钱**"，偏向于追求外在的"**他胜**"，即战胜他人。中国的儒家文化则侧重于"以**人**为本"，更关注"**命**"，偏向于追求内心的"**自胜**"，即战胜自己。从这个角度来讲，针对"**身外物**"的美国文化可谓"阳"或"表"；强调"**心内情**"的儒家文化可谓"阴"或"里"。

随后，我的注意力慢慢转向将**儒家文化**和**老子文化**作为一组**中国文化阴阳**来分析。老子在《道德经·第二十八章》中说："**知其雄，守其雌……知其白，守其黑……知其荣，守其辱。**"这里"知"的对象应该是儒家的雄、白、荣（阳），而老子要"守"的是雌、黑、辱（阴）。

暂不论美、儒两种文化的优劣，两者的共同点却是明显的：不管是"他胜"还是"自胜"，归根到底都在追求"胜"。而道家文化（在此主要指**老子文化**）则追求"**自然**"，因此或许可以说"**美、儒文化**"与老子文化也是一组文化阴阳。若将美、儒分别当做美、中文化的**躯干**，两者均为**积极向上**的"阳"——以雄强、法理/伦理、事理/"**人道**"为主，其典型表现分别为"**发财**"与"**升官**"。老子文化在我的意念中则是中国文化中一种最根本的**精神食粮**，甚至或可成为美国乃至世界文化的一种重要的精神食粮。它是**积极后退**（包括"**以退为进**"）的"**阴**"——以雌柔、天理、天道为主，其典型表现为"**不争**"/"**无为**"。

我认为，美和儒、儒和老以及"美儒"和老的关系都是不分"高下"的"**相倾**"关系（"**高下相倾**"（《道德经·第二章》）意为"高与下互相对立而存在"）。**孤阴不生，独阳不长**，只有综合考虑文化阴阳，企业才能在市场上挥洒自如。

我的中美文化阴阳观[①]

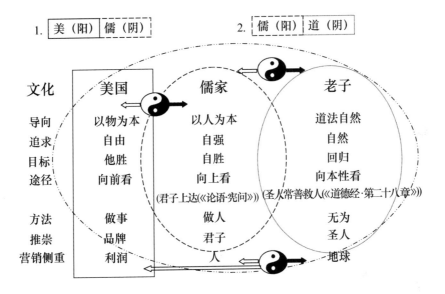

---

① 周南,"三十年营销学旅反思:'自胜者强,知足者富'?"《营销科学学报》,2011年第7卷第3辑。

2-3 知常曰明：
《阿凡达》和《孔子》背后的时间观

美国立国只有两百多年，历史"包袱"小，创造未来是其文化的重心；中国历史悠久，国人以此为荣，为人处事也更为崇古怀旧。

2010年伊始，内地上映两部"大片"：《阿凡达》和《孔子》。前者由"好莱坞"出品，是采用3D技术的科幻片，描述2154年潘多拉星球上地球人与外星人之间的"生命体验"；后者是中影集团出品的历史片，讲述春秋时代的思想家和教育家孔子传奇的一生，片中虽有一些虚构的剧情，但不少是我们熟知的史实。

看《阿凡达》，人们憎恨"人性"的贪婪，歌颂爱情的伟大，谴责破坏自然和侵犯他人利益的行为，钦佩为正义而"背叛""自己人"的壮举。

看《孔子》，人们增强了对这位伟人坚毅个性、坎坷经历和崇高境界的敬意，也加深了对这个生前忧国忧民但郁郁不得志的"失败者"为何在后世被视为"圣人"的理解。

两部电影各有自己的狂热支持者和强烈反对者。这固然是**萝卜青菜，各有所爱**，但也依稀让我感受到了一股"西风烈"：虽然部分人对《孔子》"爱憎交加"，爱的是孔子的思想，憎的是剧情的拘谨，但更多人（主要是年轻人）似乎"爱"《阿凡达》更甚，"爱"它展现出来的华丽视觉效果和潜藏的价值观。这难免给人一种错觉，似乎源远流长的中华文化的影响力正在逐渐流失。

老子说："夫物芸芸，各复归其根。……**知常曰明**。……**知常容**。"（万物蓬勃生长，叶落归根。……认识这永恒的规律叫"明"。……知道恒常就能包容万物。）（《道德经·第十六章》）

怎样做到"知常"而"明"呢？无外乎"反躬自省"和"向前看"。"反躬自省"是为了更好地把握历史的脉络，也是为了理清未来的道路；而"向前看"则是以图将未来"想"和"象"（"幻想"和"成像"）得更为明确。

我赞成严复说的："**非新无以为进，非旧无以为守**。"① 我的主张是：吸收外来文明的"金枝玉叶"，同时从我们璀璨的传统文化之"根"中拾取精华，将其发扬光大。

这样，中华文明才有希望和未来。我们不能只做名义上的中国人，而要做精神上的中国人。

---

① 王栻，《严复集》（第一册），中华书局1986年版，第119页。

他山之石，可以攻玉

不同的文化有不同的时间观：中国文化属于圆式，而美国文化则属于线式。

中国曾是一个以农耕为主的民族，历史的积淀让国人养成了按农作物生长周期安排活动的习惯。在国人的观念中，时间是无限轮回的圆形。因此，中国人喜欢回顾历史，强调"**前事不忘，后事之师**"（《战国策·赵策一》），"**以史为鉴，可以知兴替**"（《贞观政要·君道》）。

美国人多受基督教影响，相信人有原罪，向后看难有出路，因此只能发奋向前超越。美国人认为时间是一条一去不复返的直线，是必须充分利用的有限资源。他们的时间观是未来取向，认为与其"无济于事"地怀旧，还不如更好地规划与展望未来，因此美国人喜欢求新求异。

因时间导向而形成的这种文化差异，可以从前面提到的《孔子》和《阿凡达》两部电影作品中一窥端倪。《孔子》取材于历史，电影风格上较循规蹈矩，从历史的视角来弘扬中华文化，虽严肃庄重但却显直白和说教，观者不免有乏味沉闷感；而《阿凡达》描绘未来，情节跌宕、视野独特，借助丰富的"想"与"象"向世人敲响警钟，让人们在"品尝"视觉"大餐"的同时也享受思想的"盛宴"。

思想性是最重要的。绚丽的画面或能"赢得"一时的"人气"，但真正让人铭记的唯有深刻的思想。创新的表现形式有助于使严肃的思想更易于接受。显然，不少好莱坞电影巧妙地隐含着人生哲理，娱乐性和思想性的结合如行云流水（如前述之《阿凡达》）；而时下的中国电影，虽然许多在哲理性和寓意深度上毫不逊色，但喜欢矫揉造作、故作深沉的说教（如前述之《孔子》）。

娱乐形式是**表**（"**名**"），哲理性是**里**（"**道**"）。伴随着全球化，中国电影在"西学东渐"的热潮中汲取了一定的营养。中国影视作品若要更上一层楼，既要坚持宣扬中国文化的深厚底蕴——这是我们在"思想性"上的长处（源于回顾过去和对历史规律的思考），也要吸收西方影视艺术的多元表现手法和锐意创新精神——这是他们在"表现性"上的长处（源于展望未来和对技术创新的追求）。只有这样，才能更好地融入和影响世界。

"**曲则全，枉则直。**"（退让反而能得以保全，弯曲反而能保持前行。）（《道德经·第二十二章》）兼收方能并蓄，博采始有众长。

2-4 天地不仁，以万物为刍狗：
希拉里和温家宝看中美关系

2009年2月，希拉里·克林顿在首次以美国国务卿身份访问亚洲前的一次演讲中说道：即使中美两国存在不同和分歧，但充满智慧的中国成语"同舟共济"一定会继续引导两国关系向前发展，因为这对美国的和平、进步以及繁荣而言至关重要。①

几天后，温家宝总理与希拉里在北京会面，表示"非常赞赏"她关于"同舟共济"② 的言论，认为还可以加一句话，叫做携手共进——**如同"左右手"携手共进**。希拉里说她对温家宝提到的那句话也"非常赞赏"，表示两国今后有很多好机会可以共同努力。③

尽管希拉里与温家宝所说的有相似之处，但细细品来还是存在一些本质上的差异。

我认为，两人的言论反映出中美的**文化根基**和**核心价值（来龙）**的不同，这些均影响国家/社会/人际/商业关系在**思维**与**做法**（去脉）上的种种差异。

美国的文化根基是**"五月花"号帆船文明**④，中国的文化根基是**黄河文明**。前者是一种**向往自由**、以**法制**为基础的**"游民"**文化，因此美国人习惯于**非亲非故的短期性**的伙伴关系。后者是一种**眷恋乡土**、以**情缘**为基础的**"农民"**文化，受此文化影响的中国人，人际和商业关系中存在不少**非亲即故**的**长期性**的**血缘**、**地缘**关系，就像左右手的**终生"血肉"**关系一样。

中美两国关于"情"的文化也大相径庭，就像古人说的"**非我族类，其心必异**"（《左传·成公四年》）一样。美国人的"情""深"类似于中国人说的"**夫妻如衣衫**"，中国人的"情""深"则像"**兄弟如手足**"。一个期望风雨同舟，但没利益就可能"离异"；另一个则要求**生死与共**，时时重大局、讲忍让。

老子说："天地不仁，以万物为刍狗；圣人不仁，以百姓为刍狗。"（天地没有偏爱，任凭万物自生自灭，所以圣人也不偏爱，任凭百姓自己发展。）（《道德经·第五章》）

对营销人员来说，在日益频繁的中美商业交往中，是"同舟共济"还是"携手共进"呢？抑或是在"同一个世界，同一个梦想"的口号下"同床异梦"呢？我想，只有在相互了解对方的文化背景的基础上，彼此信赖、携手并肩，事业才可能兴隆，这应该是希拉里与温家宝"非常赞赏"对方的原因。

---

① "U. S. -Asia Relations: Indispensable to Our Future", http://www.state.gov/secretary/rm/2009a/02/117333.htm.
② "同舟共济"这个成语出自《孙子兵法·九地》中的一个典故：吴国人和越国人一直相互厌恶对方，但是有一次同船渡河时遇到大风流，他们却如同左右手那样互相求助。
③ "'同舟共济、携手共进'中美关系开启新时代"，中国新闻网，2009年2月21日，http://www.china-news.com.cn/gn/news/2009/02-21/1573204.shtml.
④ 1620年，一批英国人坐"五月花"号帆船到北美，订立《五月花号公约》，开始了在"新大陆"的移民生活。今天，据说美国大约有十分之一的人口是五月花号乘客的后裔。

中美文化的一些对比

(黑体字为文化中的阴暗面)

国家	中国	美国
文化根基	黄河—农民—**自私**，家族我	五月花号帆船—游民—**自利**，个人我
主流文化	儒家—子民—**霸道**	基督教—公民—**横行**
最高价值	仁—亲友—**无天**，作威	公平—伙伴—**无法**，作福
原则	情理/礼治—人情—"**土匪**"	法理/法治—逻辑—"**海盗**"
顺序	情、理、法—**违情**	法、理、情—**违法**
合作形式的	携手共进	同舟共济
对合作者的理解	左右手（兄弟）	同舟者（夫妻）

因文化变迁而调整或改变营销模式有纵（天，大）横（地，小）之分：

● 纵—天—变，因时而变，即随着时间的推移，中国传统文化中的某些成分在外来文化的影响下日益被"解构"，中国人的消费/生意的观念/行为在某些方面"与时俱进/与时俱变"，营销的某些方面因而从"情理营销"走向"法理营销"。

● 横—地—迁，随境而迁，即跨文化营销时，营销模式必须"见异思迁"，因文化类型的不同而"入乡随俗"。一方面，外国公司要解决因不了解中国文化和国情而导致的"水土不服"问题；另一方面，中国企业走出国门，也同样需要学习适应当地文化。

2-5 将欲取之，必固与之：
血淋淋还是情脉脉？

从一定意义上讲，传统美国式营销中的STP（Segmentation, Targeting, Positioning；细分、目标、定位）遵循的是将消费者当"靶子""打"的思路。现引用我当年修营销课时用的科特勒所著的教材中的一段话为证："Target marketing helps sellers identify marketing opportunities better. ... Instead of scattering their marketing effort ('shotgun' approach), they can focus it on the buyers who have the greatest purchase interest ('rifle' approach)."[①] 这段话的中文翻译是："目标营销有助于卖方更好地识别市场机会，企业不是采用分散精力的方式（'散弹枪'式），而是聚焦于具有最大购买兴趣的消费者（'来福枪'式）。"

如果说传统美国式营销是**将商场当战场**、"**攻城为上**"、"**血淋淋**"、"**结伙伴**"（"**阳**"/**雄强**）的**直接模式**，那么相对而言，传统中国式营销则是**将商场当情场**、"**攻心为上**"、"**情脉脉**"、"**拉圈子**"（"**阴**"/**雌柔**）的**迂回模式**。这里，或许可以说美国的"明争"与中国的"暗斗"形成对比，"夺利"与"争权"形成对比，"争鸣"与"谋名"形成对比，"你死"与"我活"形成对比，"**群雄乱起，强者独尊**"与"**欲取天下，先安民心**"形成对比。

生意场上，"在商言商"，无论是"血淋淋"还是"情脉脉"，是"豪夺"还是"巧取"，到头来都避免不了要"赤裸裸"地"亲兄弟，明算账"。如此而言，是否在某些方面、某种程度上"情脉脉"比"血淋淋"更"假惺惺"呢？

中国人习惯"**先礼后兵**"，这可能受老子以下说法的影响："**将欲弱之，必固强之；将欲废之，必固兴之；将欲取之，必固与之。是谓微明。……柔弱胜刚强。**"（想削弱的，暂且让其发展壮大；想废掉的，暂且让其兴旺发达；想夺取的，暂且让其得到一些。这是内在的高明。……在于以柔克刚。）(《道德经·第三十六章》)

请注意这里的"弱"、"废"、"取"和"胜"字。我们还能说老子只讲"不争"吗？

---

① Philip Kotler, *Principles of Marketing*, London: Prentice-Hall, 1983.

美国式营销与中国式营销的一些对比[①]

对比	美国式营销	中国式营销
规则	法理营销	情理营销
模式	直接模式:"血淋淋"	迂回模式:"情脉脉"
战略	商场当战场,攻城为上	商场当情场,攻心为上
方向	无情也可有(生)意,看钱和合法性	有情才更有(生)意,看人和关系
方式	朋友,结伙伴,谈判桌上谈	自己人,拉圈子,饭桌上谈
表现	法官/合同多	首长/亲朋好友多
习惯	把复杂的事简单化(黑白分明)	把简单的事复杂化(互为阴阳)

[①] 周南、曾宪聚,"'情理营销'与'法理营销':中国营销理论发展过程中若干问题思考",《管理学报》,2012年第9卷第4辑。

2-6 去甚,去奢,去泰:
在中国没有纯粹的商业关系?

微软进入中国市场的头几年,发展不快。许多人认为其中一个重要的原因是微软没有处理好与政府的关系。一本关于微软在中国发展的书①谈到,这是因为"In China, there's no such thing as a purely business relationship(在中国没有纯粹的商业关系)"。那么,作为微软的掌舵人,比尔·盖茨是如何扭转这种局面的呢?

书中写道,盖茨于1994年首次访华,见到时任国家主席江泽民。谈及如何加速微软在中国的发展时,江泽民建议盖茨尝试去**了解中国的语言和文化**,以加深与中国的合作。关于此次会见,民间还流传着盖茨穿牛仔裤去见江泽民的笑谈,这也从一个侧面反映出中美文化的差异。

一年后,盖茨再次会见江主席时,江泽民对他说:"你做得不错。如果你**继续努力**,会更成功。"

距首次访华十年后,盖茨又来到北京。这次他见到了温家宝总理。书中介绍:"此次会面,盖茨表示会继续努力建立与政府的关系,并介绍了微软曾经承诺的投资7.5亿美元扶植中国软件产业和培训软件工程师这一项目的进程。此外,他还介绍了比尔和梅林达·盖茨基金会在帮助改善农村人口健康状况方面所做出的努力。温总理告诉他:'盖茨先生,阁下的名字已在中国家喻户晓,中国人没有不认识您的。'"这表明微软在中国的努力已**颇见成效**。

老子说:"**物或行或随,或歔或吹。或强或羸,或培或堕。是以圣人去甚,去奢,去泰。**"(世人秉性不一,有前行有后随,有性缓有性急,有强势有懦弱,有自爱有自毁。所以圣人为人处事不极端、不过分、不傲慢。)(《道德经·第二十九章》)以此告诫大家要**尊重客观差异**,不强求一致,学会**因势利导**。

以上三次见面的变化表明:盖茨已明白入乡随俗,以"**从路人到友人再到家人**"的中国式关系发展模式来建立与中国政府的互信关系。

看来有些美国人在同中国人打交道时已经明白关系是重要资源的道理,学会**因地制宜**。那么中国人在同外国人打交道时又有多少进步呢?且看下一页的例子。

---

① Robert Buderi and Gregory T. Huang, *Guanxi—The Art of Relationships: Microsoft, China, and Bill Gates's Plan to Win the Road Ahead*, New York: Simon & Schuster, 2006.

一个中国总经理给外商留下"以违法乱纪为荣"的印象

赵启正（历任上海市副市长、国务院新闻办公室主任、全国政协外事委员会主任等职务）在他的书《在同一世界——面对外国人的 101 题》中曾谈到他和几位英国公司高管探讨中文的"关系"一词之意义的事情。

这几位英国高管说，以他们对中文的认知，"关系"一词的外延要远大于英文中的"relationship"。为此他们列举了一个事例：某中国企业的总经理在与他们讨论合作的问题时，夸耀自己在当地很有"能力"，能为合作者带来几项**法规**、**政策**以外的税收**优惠**。英国高管们表示疑惑，这位总经理解释说："绝没问题，我的 guanxi 多！"他们听后，不信任的感觉油然而生。

对于此事，赵启正写道："给自己和别人出坏主意的人，一语即出，便给自己插上'不可信'的标签。这位总经理以为在外商面前吹嘘自己的 guanxi，会给自己的形象增色，结果留下的是'以违法乱纪为荣'的印象。我给他们的回答很明确：这种特别定义的 guanxi 不可信任，消除这种现象是中国政府的急迫任务。"

城门失火，殃及池鱼。若要创造一个良性的市场环境，必须要消除这种"以违法乱纪为荣"之风，外国人来中国做生意都懂得要因地制宜、入乡随俗，中国人在自己国家同外国人做生意更要懂得遵纪守法、移风易俗、与时俱进。

2-7 有之以为利，无之以为用（一）：
宝洁进中国

在美国念书期间，对我影响最大的是科特勒的营销理论。可以说，该理论体现了一种从天到地、从外到内、从大到小的美国企业家精神。例如，常见的营销决策过程，企业先基于 **MMCC**（Macro Environment, Micro Environment, Company, Consumers；大环境、小环境、企业、顾客）和 **STP**（Segmentation, Targeting, Positioning；细分、目标、定位）进行分析、判断、决策，然后通过 **4P**（Product, Promotion, Place, Price；产品、沟通、渠道、价格）落实到与消费者或生意伙伴的交往上。

循此思路，许多美国公司在进入一个新市场时，往往是**大处着眼（虚）、小处动手（实）**。就像宝洁当年进入中国市场一样，对城市市场先划分区域，然后天上轰（全国性广告"铺天"）（无）、地上攻（区域渠道"盖地"）（有）。对农村市场则用现场大屏幕产品展示（无），同时结合演示、赠品、抽奖、答疑等方式促销（有）。几年下来，宝洁就将其旗帜插到了中国大部分的城乡日用品市场上。这种做法与老子的"**有之以为利，无之以为用**"（"有"之所以能给人带来便利是因为"无"发挥了作用）（《道德经·第十一章》）的思想类似。

与美国文化对比，中国文化（包括企业文化）更讲究从人到天、从内到外、从小到大。美国人志在"**打天下**"，各个击破；中国人鼓励"**闯天下**"，逐步"**平天下**"。《礼记·大学》中的**正心、修身、齐家、治国、平天下**提倡的就是这种"**自胜者强**"的奋斗精神。孟子提出的"**天时不如地利，地利不如人和**"（《孟子·公孙丑下》）反映的正是这种以人为出发点，结合**天、地、人"三才"**的世界观。

如此可以说，许多传统中国生意人的思路与历程从一开始就与 MMCC、STP 相反。我们大多数做营销、品牌的，时时处处都想建立并扩大圈子（从"**关**"到"**系**"），尽量争取和保护"自己人"（小范围的大众）的利益（从"**缘**"到"**分**"），并将和谐看做重要的评判标准。

中国人的生意（包括许多大生意）往往从父老乡亲们的帮助下起步，**小处用手（实）、大处用眼（虚）**，其发展奠定在"一个好汉三个帮"的基础上。然而，这种由血缘或地缘为起点的生意模式有没有它特定的文化缺陷呢？近年来流传着一句"天下哥们四铁"的顺口溜，大致是说：开始"**一起同过窗，一起扛过枪**"（从无），后来"**一起分过赃，一起嫖过娼（到有）**"。其害可见一斑。

美国企业"入市"常常是
从天到地、从外到内、从大到小
大处着眼、小处动手

中国企业"入市"常常是
从人到天、从内到外、从小到大
小处动手、大处着眼

两种不同的文化造就了截然不同的思路和结果，孰优孰劣需要用辩证的眼光来看待。身在中国市场的我们见惯了人们（包括做品牌的企业家）因为过分讲"四铁"而陷入"第五铁"——"**一起入铁窗**"。走这种"无、有"之道的人或许可以从宝洁的成功经验中找到学习和借鉴的地方。

2-8 知止可以不殆：
现在世界上究竟谁怕谁

> "东风吹，战鼓擂，
> 现在世界上究竟谁怕谁？
> 不是人民怕美帝，而是美帝怕人民！
> 得道多助，失道寡助。
> 历史规律不可抗拒，不可抗拒！
> 美帝国主义必然灭亡，
> 全世界人民一定胜利！
> 全世界人民一定胜利！"

这是我年轻时广为流传的一首歌。那昂扬的"斗"志、风发的意"气"，时至今日，依然让我激情澎湃。

我对这首歌的曲调的喜欢，至今仍未因年岁增长而有所改变，但随着几十年的沧桑巨变，我明白这首歌的内容已经不适合我们这个时代。

如今的世界不存在谁怕谁。站在国家层面看，从1971年美国乒乓球队的破冰之旅开始，**中美关系早已从刀枪相向转变为有来有往。**虽然中美尚未成为"手帕交"（闺中密友），但肯定已不再是怒目相视的冤家对头，而是贸易上相互依存的合作伙伴（唇齿相依）。**从战场上的"你死我活"到市场上的"你争我夺"**，验证了19世纪英国首相帕麦斯顿（Lord Palmerston，1784—1865）的以下说法：**Nations have no permanent friends or allies, they only have permanent interest.** （国与国之间没有永恒的朋友，也没有永恒的敌人，只有永恒的利益。）

"国之交在于民相亲。"对于我个人来说，回想起当年留美的经历，许多美国人曾真诚友好地帮助过我。我一直想念他们，并和他们当中的一些人保持着联系。中美民间交流推动了两国友好关系。如果民不亲，国与国之间只能交恶。

老子说："**始制有名，名亦既有，夫亦将知止，知止可以不殆。**"（万物兴起，各有名分，既然如此，各自就要懂得适可而止，知道适可而止才可以避免凶险。）（《道德经·第三十二章》）国与国之间必然存在差异，但既然都自成一统，何必相互威慑或攻击呢？

干戈止，玉帛方能生。这是一个谁都离不开谁的时代。昨天不同，今天异同，明天大同。各国都是拴在一条线上的蚂蚱，和则多赢，斗则皆败。弄清楚"合则胜，分则殆"这个大前提，至关重要。

小球推动，大球转动。中美两国，**友谊应是第一，比赛总为其次。**

人在商场，身不由己？

中国人情为重，理在后；美国人法为基，利当头。

谁亲，谁不亲？

中国企业分自己人与外人，自己人贴心；
美国企业分长期伙伴与短期伙伴，利益重要。

什么大，什么小？

在中国，国企大，政府更大；公司再大，"老总"也是"老小"。
在美国，私企大，个人更大；公司再小，"老板"也是"老大"。

为顾客，为股东？

在中国，企业必须顾大局，考虑国家利益；
在美国，企业首先为自己，考虑眼前利益。

第3部分

名可名，非常名：

企业家的盘古志

3-1 名可名,非常名:
企业家的盘古志

每个企业家都梦想能像盘古一样创天造地。

盘古是中国古代神话故事中开天辟地的**神**。据说,宇宙最初像颗鸡蛋一样混沌一团。盘古在这混沌中酣睡了一万八千年,醒后"一日九变",使阳清为天,阴浊为地。天日长高一丈,地日增厚一丈,盘古也每日长大一丈。如此一万八千年,最终精尽力竭而亡。

许多企业家也有盘古之志,希望进入原本"混沌如鸡子"的市场后,能够"一日九变",大展身手,创建自己的品牌并能保持长盛不衰。

然而,连盘古都没能迈过去这个坎,企业和品牌也一样,无法做到真正的"天长地久"。

人生悠悠,百岁罕见。品牌亦然。很多时候,**百年老店是理想,千年品牌是梦想。基业可能"长青",但不能"常青"**。

为什么呢? 老子说**"名可名,非常名"**(《道德经·第一章》),意思是**万事万物皆为有限**。因此,**品牌有生命周期,由兴到亡,无一例外**。

一些品牌或可暂领风骚,少数品牌或能经久不败,但没有哪个品牌能永远驾驭市场。

我们梦想掌握市场的命运,但实际上市场掌握着我们的命运,即便风头正劲的苹果公司也无法常胜。

天下没有不散的宴席。

企业家的任务是在有限的天、地、人之间追求"可名",而不是"常名"。

企业在其生命周期的初期求胜,到了后期则应放平心态,以期收场时不至于太惨。就如英文里说的 "No (bad) news is good news" (**不闻(凶)讯便是吉**)。否则,颓势便可能如决堤的洪水一样泻之千里,一发而不可收。结果,辛苦建立的品牌"一生"只能留下一个前"**可歌**"、后"**可泣**"的故事。

醉、生、梦、死。醉了,心态才放得平,才得以**生**;人生如梦,梦是可逐的,**梦醒是收场**;万物终有一死,若能完(整)美(满)收场是最好的解(下)脱(去),**死而后生**。

王朝不过千年，老店难过百年？

李杜诗篇万口传，至今已觉不新鲜。
江山代有才人出，各领风骚数百年。

——清·赵翼：《论诗》

古时，"风骚"是古代典籍《诗经》（《诗经》最出名的篇章是《国风》，故以"风"代之）和《离骚》的简称。

后来"风骚"成了诗文的代名词。稍通文墨的读书人被称为"文人骚客"，吟诗赋词的风花雪月便成了"卖弄风骚"，如能落笔成章或"七步成诗"则被称为"领风骚"者。再后来"风骚"由形容文人变成形容女人，卖弄姿色的女子叫"卖弄风骚"，这是题外话。

回到赵翼的诗中，虽然从唐朝起李白、杜甫的诗文就脍炙人口，但是到了赵翼生活的清代，人们对这些诗文已不觉新鲜。你可以说赵翼"狂"，但他说的是时势。毕竟，每个时代都产生杰出的文人，但他们大多只能"各领风骚数百年"而已。

纵有英雄豪杰彪炳青史，他们的影响也很难经得起几百年岁月的风霜。

这或许就是为什么人们说创"**百年老店**"而不说创"**千年名牌**"的原因。

3-2 迎之不见其首，随之不见其后：
一个企业上天入地的框架

安索夫矩阵（Ansoff Matrix 或 Ansoff Product-Market Expansion Grid）是一个来自西方的传统营销分析框架。如下页上图（安索夫矩阵）所示，它以产品和市场作为分析的两大维度，区别出四种不同的企业成长策略。

- 市场渗透：在现有市场中提高产品的市场占有率。
- 市场开发：把现有产品组合引进新市场。
- 产品开发：向现有市场推出新产品。
- 新事业：进入与企业原先不关联的新领域。

现代市场已经从卖方市场转为买方市场，**安索夫矩阵中的"产品"应该改为"需求"，"市场"则应该改为"顾客"**。

外为中用。我们可以按照中国人的理解，将天时、地利、人和这三大生意成功的要素融入安索夫矩阵，如下页下图（企业上天入地矩阵）所示。首先，从该矩阵图的左上角向右下角画一条对角线，右上方为"天"（虚，潜在需求和潜在顾客），左下方为"地"（实，现有需求和现有顾客）。"**天时不如地利，地利不如人和**。"（《孟子·公孙丑下》）图中央交叉点（**人和**）是企业的"根据地"，是企业成长壮大的基础（小聪明，生意，图胜利），也是"进军""兵败"、"头破血流"时的退路（大智慧，人生，求不败）。

天时与地利的基本区别如下：

天时，虚，"高不可攀"。英雄顺时势，呼风唤雨。
地利，实，"深不见底"。披荆斩棘，时势造英雄。
中西合璧。我把"改良"后的安索夫矩阵叫"**企业上天入地矩阵**"。

最成功的企业能够"**顶天立地**"，给人以"**迎之不见其首，随之不见其后**"（《道德经·第十四章》）的感觉，就如长存的**神农架、武当山**一样，可亲可近但不可尽知。

怀抱梦想，勇往直前，居中为吉。祝各位企业家朋友"旗开得胜"（天时），"马到成功"（地利），创（虚）建（实）出自己的新天地，成为时代的**人杰**（人和）。

	现有产品	潜在产品
潜在市场	市场开发	新事业
现有市场	市场渗透	产品开发

安索夫矩阵

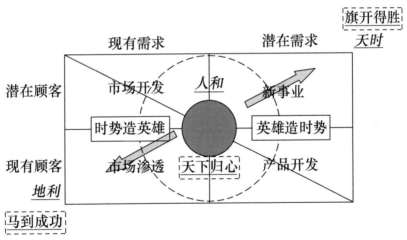

企业上天入地矩阵

3-3 域中有四大，而人居其一焉：
品牌疆界图

怎样做品牌才能实现**根植中华文化，立足华夏大地**，进而**成为世界名牌**呢？

这个问题说大也大，说小也小。在这里，我想和大家分享一个我心目中的品牌疆界图（见下页左图），或许可供管理人员参考。

这张图的构思受教于《道德经》里的一句话："道大，天大，地大，人亦大。**域中有四大，而人居其一焉。**"（道大，天大，地大，人也大。宇宙间有四大，人是四大之一。）（《道德经·第二十五章》）

据此，我认为：中国企业做世界名牌有四个**境界**。以"**人**"为起点，向外扩展，先做到"**地**"，再做到"**天**"，而"**道**"起决定性作用。

如下页左图所示，品牌有一心两面，中间是**良心**，两面是"**形**"和"**象**"（见3-5），用阴阳太极图表示，代表**根植中国文化**。

做品牌是商业行为，能否赚钱是衡量其成功与否的重要标志。中国古钱"**孔方钱**"（内方外圆）反映了中国人"**地方天圆**"的信念。若想将钱汇聚起来，需用绳子穿过方孔中心，这意味着用心付出。付出越多，赚到"世界之钱"的可能性越大，品牌的疆界自然越大。

创世界名牌之路始于良心，先靠**美德**做到"人"（**人和，良好形象**）这一境界；然后凭**能力、运气**做到"地"（**地利，中国名牌**）这个境界；若要做到"天"（**天时，世界名牌**）的境界，除美德和能力外，还得看**命**（**宏观大趋势**），毕竟**人算不如天算，天有不测风云**。但不管哪个境界，都必须服从"道"，它虽无形无状却无处不在、无所不包，既最大也最小。所以我们在图中用虚线来表示，以示区别。

在平面图右边，我还画了一张侧视图，以示"**顶天立地**"，其含义为"**心立天地，天地归心，顺乎于道**"。

每个品牌的规模和定位虽然相异，但都包含人、地、天、道四个境界，并以"良心"作为核心。正如法国作家雨果（1802—1885）在《悲惨世界》一书中写道："世界上最浩瀚的是海洋，比海洋更浩瀚的是天空，比天空还要浩瀚的是人的心灵。"我的品牌疆界图同他说的有相似之处，即"心有多善，品牌就可能走多远"。

本篇为品牌疆界图的一个总纲，后续三篇依次谈及何为品牌的良心（见3-4）、两面（形与象，或实与虚，见3-5）和三界（产品、品牌、王牌，或地、人、天，如侧视图所示，见3-6），第四篇则从需求的层次来阐释三界（见3-7）。

品牌疆界图

在家靠父母、兄弟，出门靠乡亲、朋友

人（靠人——凭**良心**，靠"父老"，树形象，得人和）
地（靠山——求"乡亲"，立根基，得地利）
天（靠天——找"朋友"，碰运气，得天时）
道（"得道"——**道法自然**）

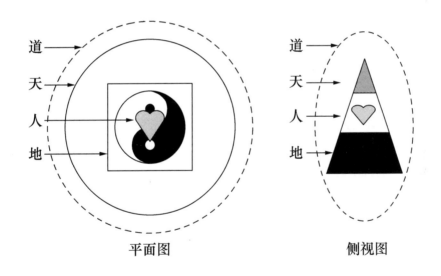

平面图　　　　　　　　侧视图

3-4 美言不信：
"三鹿"的美丽谎言

本篇我想谈谈何为品牌的"心"或"良心"。

改革开放三十多年来，经济飞速发展，造就了许多知名的企业家和品牌，但令人惋惜的是，一些品牌在成名后却一夜垮台、遗臭万年。

三鹿集团是个"千年道行一朝丧"的典型例子。"三鹿"曾是中国最大的奶粉制造商之一，销量连续十年以上位居全国第一。公司董事长田文华从给母牛喂食、接生等最基层的工作做起，逐渐走上领导岗位，先后荣获全国劳动模范、全国三八红旗手、全国优秀女企业家、全国质量管理先进工作者等多项荣誉，并担任全国政协委员。2008年"三鹿"婴儿奶粉甚至获得国家科技进步奖。可就在同年，婴幼儿奶粉行业爆出三聚氰胺事件，"三鹿"集团被法院勒令破产，田文华等高管以生产、销售伪劣产品罪被判重刑。

此次"毒奶粉"事件爆发前，"三鹿"的一位副总裁曾在电视节目中说："婴幼儿奶粉关系到下一代的健康和成长，更关系到中华民族的整体素质。……每一个工艺要求不能出任何差错，产品质量就是婴儿的生命，也是企业的生命。多年来，'三鹿'集团一直以高度的责任感、使命感，确保每一袋产品安全优质！"

与之形成鲜明对比的是"三鹿"的作为：不仅一直使用三聚氰胺，甚至在自测中发现三聚氰胺含量超标以后，明知**人命关天**，仍然秘而不宣，直至事件被媒体曝光，一时间令国人为之侧目。

金玉其外，败絮其中。说一套、做一套的"三鹿"见利忘义，**好话说尽、坏事做绝**，忘了做人的本分，犯了良心的原罪，是**无良企业**的代表。这种无良企业**心狠手毒、口蜜腹剑、假话连篇**，以**害人**（大骗局）开场，以**害己**（大败局）收场。

良心是内核，德行是表象，顾客信心带来好报。企业没有良心，顾客哪来信心？

老子说："信言不美，美言不信。"（可信的话不一定华丽，华丽的话不一定可信。）(《道德经·第八十一章》) 路遥知马力，日久见人心。虽然有些人认为赚的快钱越多越成功，但实际上只有讲良心和公德的企业才能获得与保持成功。

无信不立。良心造英雄。

不怕一万，只怕万一？

一个人做了大半辈子好事，令人惋惜的是某天做了一件大坏事。

结果是：一失足成千古恨？

怎么办？浪子回头金不换！

没有"一万"（万无一失），哪来"万一"？

企业没有"一万"良心，哪来"亿万"利润？

学坏三天，学好三年？

我以为是：学坏三天，学好三十年！

不难能，哪可贵！

我们的营销/品牌风险管理面对的最大风险是什么？

我以为是：道德风险！

我们日省吾身时应提醒自己：

君子爱财，取之有道

品牌之道，在乎一心

一心之中，良心为先

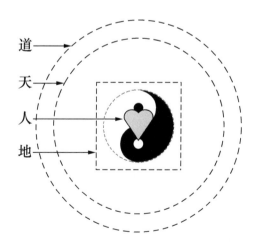

3-5 有无相生：
品牌的两面

本篇我想谈谈品牌的"两面"——形与象（或实与虚）。

为了表述的方便，本书中用**形**统称企业提供的产品，是内、实、功能、有、阴、女、地；而用**象**表示企业很难控制的、消费者心里的感知，是外、虚、印象、无、阳、男、天。

虽然同时做好这两面不是一件易事，但依然有"径"可循，就是老子说的**"有无相生"**（《道德经·第二章》）。企业要做的**形**与**象**分别是**名品**与**名牌**。名品能"体"与"现"名牌，名牌能"反"与"映"名品。名品促进创名牌的可能，名牌带来造名品的机会。企业要做的是**实以带虚，虚以带实，虚实结合**，即"**阴中有阳，阳中有阴**"。阴阳（内外）平衡才能称为"好"。名品和名牌长期相辅相成、齐头并进，品牌才可能保持蒸蒸日上、"顶天立地"的态势。

卓越的品牌经营是将每一份心思和费用都花在满足顾客需求上，持续地创造、提高品牌的无形资产（关系、圈子）和有形资产（价、值），使它在获得利润的同时，也成为顾客心中"不朽的"名牌，名利双收。

对多数企业而言，若有形资产多，应好好地利用它来提高无形资产；若有形资产少，一步步来，稳扎稳打地先建立起有形资产，再创造性地提高无形资产。这样，品牌才可能健康、开心地成长，使未来充满希望。

战略（道）分成败，战术（德）定胜负：胆越大，心越善/细

虚传与忽悠都建不成名牌：要虚心 + 实在
有无相减？要秀外 + 慧中

软的越软，硬的越硬：立地才能顶天
实至名归，名至实归

品牌的两面

形：有形，内、实、功能、有、阴、女、地，名品
象：无形，外、虚、印象、无、阳、男、天，名牌

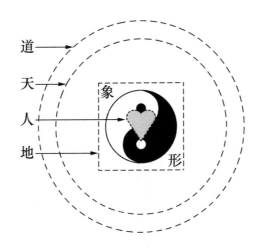

没有持久的名品，就绝不可能有持久的名牌
要充＋实，不要空＋虚
实以带虚，虚以辅实
实可转虚，虚可入实
名品与名牌的持续互动创造持久的品牌

3-6 难易相成：
品牌的三界

上篇讲到品牌的两面，本篇谈品牌的三界。

三界像阶梯一样从低到高，**依次为产品、品牌、王牌**，是企业品牌发展的三个不同阶段。借鉴中国传统文化，这三界在品牌侧视图（见下页）上从下到上可分别表述为**地、人、天**或**有形、无形、无**，它们是一个相互融合的有机体系，"**有无相生，难易相成**"（《道德经·第二章》）。

产品提供的是实质性的效用（**有形，脸**），包括它的质量、功能、实用、基本的服务等因素。这与"地"的特征相似：踏踏实实、诚诚恳恳，也意味着企业首先要做好产品质量，即"锻炼"好"**身体**"，使得产品实用，发挥实实在在的功能，体现"**能办事**"的本能和本分。

品牌与产品的不同在于品牌有个性，成功的品牌有能够吸引特定顾客群的特色和"买"点，说得通俗一点就是："逗人喜爱"、"看得顺心"、"用得开心"，能够给顾客带来非同一般的体验、持久美好的回忆，主要满足**个人价值**（**无形，面，小我**）。做品牌时，企业可以联系日常生活中"人"的正面特征和个性，务必要兼顾内在之"脸"以及外在之"面"和"情"，体现出企业"**做好人**"（有良心）、"**办好事**"（行善积德）的心意。

王牌与品牌的主要区别在于王牌蕴涵了某种**文化**的内核，它引导消费者的精神追求与社会需要向至善（而不是"邪恶"）的方向拓展，体现**社会核心价值**（**无，大我**）。它是消费者的"心中首选"（心愿），不仅仅有口皆碑，还能帮助消费者实现能使其在灵魂上得到洗礼和升华的"梦想"。想成为王牌的企业要借鉴"天"的特征来思考，体现出企业"**办大事**"的胸怀和远见。作为品牌的最高境界，王牌力求做到"**天下归心**"、"**欢天喜地**"、"**道法自然**"。

品牌三界中，产品为基石，品牌为人性，王牌为天道。三界合一，浑然天成。

品牌的三界

天，王牌，创"意"，无为，大我价值，希望
人，品牌，虚"心"，无形，小我价值，开心
地，产品，实"在"，有形，实质效用，健康

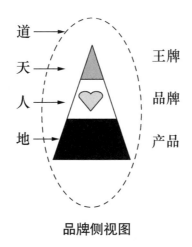

品牌侧视图

虽然消费者不同层级的需要分别通过产品、品牌、王牌来得以满足，但是按照"天、地、人"浑然一体的思想，我们不能把品牌的三界割裂，而应该高标准、严要求地创建品牌，以最终达到王牌的境界为目的，统领效用、个性和文化三种不同的消费者需求层级，形成一个能高度满足消费者需求的有机体系。

产品、品牌、王牌分别代表健康、开心、希望。"健康"是"此岸"、"希望"是"彼岸"，通过"开心"才能从"此岸"到"彼岸"。**健康的（Healthy）的产品能使消费者"开心"（Happy），给消费者带来"希望"（Hopeful），使未来更美好。**反之，不"健康"的产品则让消费者"难受"，给消费者带来"恐惧"，使未来"黑暗"。

3-7 夫物芸芸，各复归其根：
消费者的三个需要层次

上篇讲到品牌的三界：**产品、品牌、王牌**。如果从需求的层面来理解，这三界分别满足消费者的生理需要、小我需要、大我需要。下面我将就这三个层面代表的内涵展开来说：

生理需要主要涉及与消费者**身体**和产品的功能有关的需要，是一种基本的客观"存在"；从个人生存的角度看，整体表现为"**需**"，是"**温饱**"问题的体现。"生理需要"是每个人都需要的、最基础的层面，这里我用"**地**"表示。

小我需要为**自己**也为**别人**，它和**心**（包括脑）密切联系，反映的是主观"情感"。这里，情主要是关于自己的情绪；"感"主要是关于"别人"的"感觉"；整体表现为"**求**"，是"**小康**"问题的体现。小我需要可以通过品牌来满足，用"**人**"表示。

大我需要包括并超越了消费者自我和小范围的别人，它的至善面与"人类"、"世界"甚至老子说的"**夫物芸芸，各复归其根**"（事物纷纭，全都自返本根）（《道德经·第十二章》）有关；它和"**灵魂**"（包括"**心**"）密切联系，反映主观的"判断"（主内，精）以及客观的"回归自然"（主外，神）；整体表现为美好的"**梦**"，是"**富足**"的升华（"富"是物资的富裕，"足"是精神的满足）。大我需要是"灵魂"问题的体现，故以"**天**"所示。大我需要是超越性精神追求，通过王牌（对社会与地球有贡献、有担当的"伟大"品牌）来满足。

消费者的三个需要层次

	需要层次	基本特征	整体表现	生活水平
天	大我需要 超越性精神需要	为人类、世界 关于灵魂 主观判断/回归自然	梦	富足
人	小我需要 心理—社交需要	为自己/别人 关于心 主观情感为主	求	小康
地	生理需要	为自己 关于身 客观存在	需	温饱

3-8 万物莫不贵德：
一个天、地、人"三情"的品牌框架

儒家说世间有**天、地、人**"三才"。老子认为"道"是三才之理。以天、地、人、道构建了"四大"(《道德经·第二十五章》)。老子又认为"**万物莫不尊道而贵德**"(万物无不尊崇道、珍贵德)《道德经·第五十一章》)。道是自然规律，德是人间之情。尊道者能通三才之理，贵德者能明三才之情。因此，得道行德者是**通情达理**之人。

生意人如何通商"情"而达道"理"呢？无非是"**顺潮流，识时务**"。我们需要"顺"和"识"的"三情"是：世情/国情（宏观环境，天，**大**)，乡情/行情（微观环境/市场/行业，地，**小**)，人情（顾客情意，人，**多/少**)。大从小来，多由少聚，大小和质有关，多少同量相伴，**质、量**又都由情决定。企业家对三情的理解越深，生意就可能越做越大，钱越赚越多；反之，则生意越做越小，钱越赔越多。

识时务者为俊杰，顺潮流者乃英雄。英雄顺时势，时势造英雄。"时"是"**天**"；"势"是"**地**"；"英"是英才，"雄"是强大；"顺"者，"应"天道；"造"者，"就"人心。简单来说，"商情"是：

人—心，指人情。我们应该扪心自问：产品的价值（有形资产）(**付出、舍**)有多大？品牌的人情积累（无形资产）(**收获、得**)又有多少？大小或多少的关键在于我们对民（关系户）心（里）、民情（外）的"把"和"握"("关"和"系")。把握得好叫"**掌握**"——握在掌心里。各方都要有情（心）、有意（钱），才能和（人缘）气（钱缘）**生财**。

地—势，指乡情。我们应该明确：我们的品牌（过去、现在和将来）在哪个行业/地域经营？产品/品牌的竞（重"**优、良**"）合（靠"**亲、和**"）力如何？这是从空间的维度上循**地之正气**以把握品牌的"**运**"。

天—时，指国情。皮之不存，毛将焉附？任何企业都只是市场里的"小毛毛"，我们应该晓得：什么是市场大环境？如何**以不变应万变**，同时又**以万变应不变**？这是从时间的维度上遵**天之正气**以把握品牌的"**命**"。

英雄爱财，取之有道。此道在于知情：**应人心之德，顺天地之情**。"德"的要义在于做好自己（人），成就周围的生灵（地），帮助和关爱世间万物（天）；而"情"的宗旨则是积聚天地间的**道德之气**。

做人与做事的一些把握

以下是一些与"**合情**"有关的概念和行为,
它们是否都"**合理**"、"**合法**"、"**合算**"呢?

人在商场,做人做事
做人在先,做事在后,前者比后者重要
做人讲究人情,亲情居中,友情和爱情为辅

做事是"做事情",看似是事,其实是酌"情";办事不酌情,要出大问题
所以办事时,情在前,理在后
不能"光"(白)讲事理,一定要"先动之以情,后晓之以理"

事事都有"情结",大事更须"情"有可原(不可无情)
出"大事"时化小(刀下留情),出"小事"时化了(手下留情)
通情达理真君子,皆大欢喜,万事大吉,情深谊长

情从何来?
情从心来,有心才有情
"心理学"是"心里的情+理的学问"
感觉(外)是心觉,感情(内)是心情
做人做事是"感觉用事"和"感情用事"
以"感情"/"心情"为重、为要
人在商场,一定要懂"心理学",更要凭良心

3-9 为之于未有，治之于未乱：
大品牌和伟大品牌之别

菲利普·科特勒在《营销管理》（新千年版·第十版）[①] 英文原版的扉页里写了一句话，翻译成中文是："企业应把 21 世纪看做是赢得情份额和心份额的黄金机会"（这句话在中文译本里并未保留）。原书的第 226 页有一句相关的话，翻译成中文是："**不断增加情份额和心份额的企业，其市场份额和盈利率必然会不断增长。**"

为什么只强调情份额和心份额，而"市场份额"这一许多营销管理人员挂在嘴边、日夜奋斗的目标，却没有重点提及呢？其中缘由我猜是这样：

许多企业立下雄心壮志，要做"**大**"品牌。他们为了使品牌"叫座"（**市场份额大**）而殚精竭虑。这种舍本求末的做法也许能一时**旺丁**，但却无法长期旺财，其结果是**金玉其外，败絮其中**。

另一些企业则立意高远，要做"**伟大**"的品牌。它们**高标准、严要求**，"**深耕细作**"，坚持将质放在量前（抓心份额），真正做到**金相玉质，表里如一**。结果品牌既"叫座"又"叫好"（受尊敬），财丁两旺。

"天时不如地利，地利不如人和"（《孟子·公孙丑下》）。**心份额**是个**人和**的概念，**情份额**是个**地利**的概念，**市场份额**是个**天时**的概念。三者相辅才能相成。

在海尔的名牌之路上有一块重要的里程碑，就是张瑞敏用铁锤砸不合格冰箱的事件。当时，许多同事不能理解，甚至流下心疼的眼泪。他们想：现在物资这么缺乏，冰箱的外观是有点问题，即使市场不接受，也可以当工资发给工人呀！为什么要砸掉呢？殊不知，这一砸不仅是**亡羊补牢**之举，更是**追求卓越**之举。砸掉的不是冰箱，而是不重视产品质量的意识，牺牲的只是短期效益，提高的是企业上上下下的**质量和品牌意识**。海尔因此立即赢得了市场的心份额（**口碑和信心**），不久情份额和市场份额也接踵而至。

老子说："**为之于未有，治之于未乱。**"（准备于事先，防患于未然。）（《道德经·第六十四章》）商场固然风云多变，但企业有以不变应万变之方，这个不变是产品质量。

心份额大，品牌光环就大。心份额大同时又具备地利与天时的品牌才有可能成为市场领袖，在消费者心目中的地位也最稳固。相反，对于那些一时占据市场但心份额和情份额都相对小的品牌，一旦市场上有风吹草动，其地位必岌岌可危。因为，心份额虽然不一定能"**真诚到永远**"，但它是真的。

真的假不了，假的真不了。伟大品牌之路，应该始于做品牌最真的那部分。

---

① Philip Kotler, *Marketing Management*, Millennium Edition (10th Edition), Upper Saddle River, New Jersey: Prentice-Hall, 2000.

心之缘，财之源

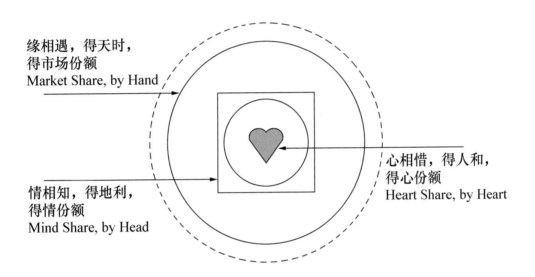

三者有主有次，相辅相成
想做伟大品牌者，从建立、巩固心份额开始

3-10　无，名天地之始；有，名万物之母： 品牌之神形

"无，名天地之始；有，名万物之母。故常无，欲以观其妙；常有，欲以观其徼。此两者，同出而异名，同谓之玄；玄之又玄，众妙之门。"此段出自《道德经》第一章，给我们阐释的是"道"的两重性。在此我用它来解释品牌的两重性。

"无，名天地之始；有，名万物之母"。品牌由"无"和"有"两部分构成：从企业的角度来看，无形的部分反映的是**价值主张**（定位），是心灵和大脑（神，虚，掌舵；万物始于天地，创意，灵感，巧匠）；有形的部分是**价值实现**（细分、目标），是外表和躯干（形，实，行船；万物源于母，落实，行动，能工）。

"故常无，欲以观其妙；常有，欲以观其徼。"一个好品牌若要达到"此曲只应天上有，人间难得几回闻"（唐·杜甫：《赠花卿》）的境界，须让市场为之感动（比如，苹果公司出品的 iPhone）。品牌的"无"难在如何落实"妙"（顾客心里的感觉），"有"则难在如何提升"徼"（顾客使用的效果）。所以，要"常"兼顾"无"与"有"。前者更关注时间上的演化，需"舍"（创意无限，用心取舍——定位）；后者更关注空间上的生成，求"得"（全面布局——细分，倾力呈现——目标）。

"此两者，同出而异名，同谓之玄。"具体实施的"有"为品牌之"形，女"，"无"为品牌之"象，男"。此两者，虽各有侧重，却皆是品牌之"玄"相依为命的两面。

"玄之又玄，众妙之门。"弄清（无）并落实（有）这两面，品牌就跨进了奇（有，形/体）妙（无，神/象）的成功之门，就像人类必须通过男女结合（好）、生儿育女（好上加好），才能生生不息一样。

眼见为"无",需务虚(天地);动手为"有",应务实(母亲)。
是谓**"眼高"+"手低"**
创造出"好"的"神""形"
以实现**品牌价值**

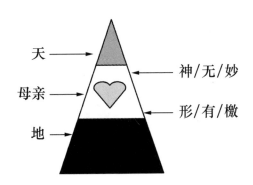

3-11 无状之状，无物之象：
"品牌形象"还是"品牌意境"？

营销人都知道塑造品牌形象的重要性。问题是：什么是品牌形象？究竟是"品牌形象"还是"品牌形+象"？

对于上述问题，我想从历史学家庞朴介绍中国哲学的一本著作《中国文化十一讲》中所提及的发生于两千多年前的"**言意之辩**"谈起。这场辩论的焦点是：语言能否充分表达事物的本质（即"言意之辩"中所指的"意"）。

墨家主张"**言尽意**"。《墨经》说："**循所闻而得其意，心之察也。**"意为，如果以"**心**"作为桥梁，人们是可以通过语言来交流思想、充分认识事物的。

儒家认为"**言不尽意**"，主张"**立象以尽意**"。意思是语言无法充分表达思想，但可以借用形象思维来传达言外之意。这种观点颇有"**建构**"的意味。

道家的看法则有些"玄乎"，认为"**得意忘象、忘言**"。就是说：得到意以后，就应该把象和言忘掉。因为言用来说明象，得到象以后，应该把言忘掉；象用来保存意，得到意以后，应该把象忘掉。如果不忘掉，反受其制约，得到的就不是"真意"。从这点来看，道家的观点具有"**解构**"性，与儒家的看法正好相反。

从上述三派的观点可知，言、象、意三者之间的关系是：**言更接近实**（有形，可言传）；**象更靠近虚**（无形，靠意会）；**意则是事物的本质**。老子说的"**无状之状，无物之象，是谓惚恍**"（《道德经·第十四章》）中所体现出来的"道"就是一种意，是老子对万事万物的本源和规律的"**感悟**"。老子又说"**道可道，非常道。名可名，非常名**"（《道德经·第一章》），即可道可名的都是有限的、一般的事和物，而终极的"道"（**常道**）是无限的，任何人在任何发展阶段都不可能完全把握。

将"言、象、意"放到"品牌形象"中，**低层次的品牌**仅做"**形**"（有意"义"——应该做到的，最基本的），**较高层次的品牌**"**形**"和"**象**"都"照顾"得"不错"（有意"思"——构思巧妙做到的，不简单的），**再高层次的品牌**则领会到"**意**"（有意"境"——上天恩赐的，高超的）。

单纯做"品牌形+象"只是"**做**"境界，而能超越"品牌形+象"的则为"**求**"道。任何人和品牌都可能做到不错的境界，但如果某人说已经求到品牌之"常道"（即"意"），那是不可能的。因为，天机不可泄但可遇，需因应缘分；天意或可知却不可违，应顺其自然。

品牌形象的作用与局限:"言意之辩"的启示

言 ⟷ 意

言:实/显,名,形,概念,判断,天机
意:虚/隐,道,象,感悟,修行,天意

墨家——言尽意——**阐明**(说清楚,观文识义)

儒家——立象以尽意——**心领**(感觉,找境界/宝地,智者乐水)

  建构:立象,高屋建瓴,放眼天下(人山人海)

道家——得意忘言/形/象——**神会**(感悟,得道/风水,仁者乐山)

  解构:忘象,"淡泊明志,宁静致远"(无人之境)

"品牌形象/意境"之路是:

  以"言"获"形",

  由"形"成"象",

  从"象"悟"道",

  得"道"忘"象/言"。

3-12 有生于無：
从"亡、無、无"看创新的极限

老子说："天下万物生于有，有生于无。"（《道德经·第四十章》）这句话对企业有什么启示呢？各人理解有异，思路和做法不同，最终结果也不同。在此，我想从字源、字根的角度来分享一下我的看法。

历史学家**庞朴**在《**中国文化十一讲**》一书中提到，在中国古文字里，"无"至少有三种字形，依次按照"亡"、"無"、"无"的顺序出现，它们的内涵和指涉皆不同。第一个字"亡"有两个读音，念"wáng"时是"逃亡"的意思，更多时候念"wú"，意思是"**有而后无**"。第二个字"無"念"wú"，意思是"**虚而不无，似无实有**"。我们的先祖信奉万物有灵，认为神灵真实存在并掌握着人的命运，为"有"。只是因为它看不见、摸不着，所以才用"無"字表示，但人们可以通过跳舞与其沟通，故"無"源于"舞"。第三个字"无"本身就是一个繁体字，意思是"**绝对的无**"，比如《墨经》里说的"无天陷"（过去、现在、将来，天都不可能塌下来）。

据此，企业创新是从"無"生"有"的，是从"**创新意**"（虚、無）产生"**造新型**"（实、有）。创新始于"创意"（"無"），原本是看不见、摸不着的"**象**"，可能"生"出可见、好用的新产品（"形"），就如苹果公司推出的广受欢迎的 iPhone 一样。

坊间流传着一句话："**一流企业卖专利（定标准），二流企业卖技术（做品牌），三流企业卖苦力（做产品）。**"一流和二流企业富有**创新精神**，三流企业却多因循守旧。一流企业占领了"**大無**"，是行业的"定义者"，占尽先机获取高额回报；二流企业抓住了"**小無**"，享有"**一席之地**"，命运犹如逆水行舟，不进则退；三流企业在市场上只有"**立锥之地**"，只能"**苦恨年年压金线，为他人作嫁衣裳**"（唐·秦韬玉：《贫女》），结局往往是"亡"——"**有而后无**"。

然而，新意屡创屡衰，新产品屡胜屡败。即使一流企业也每时每刻面临清朝诗人赵翼在《论诗》中说的"**预支五百年新意，到了千年又觉陈**"的问题。怎么办呢？对此，我喜欢古人用来勉励人们追求进步的箴言："**苟日新，日日新，又日新。**"（《礼记·大学》）市场每天都在变化，再好的生意也有退潮的时候，不能穿"老鞋"走"新路"，更不能用"老皇历"过"新日子"，而是要不断地跳出市场的框框，不断地从新"有"进入新"無"，再从新"無""生出"新"有"。

最后，创新真有"绝对的无"这个极限吗？**没有异想，哪来天开。**

企业对创新和品牌之道的"感、悟"与
儿童的认识成长过程相似

1. 亡（Wú）：有而后无（只有"执行力"）
有/冇：本来有/现在没有；存/亡（对立，对比）
2. 無（Wú）：似无实有（有"创造力"）
舞与无有互通：跳舞与神灵沟通
看不见的"無"（实质，理念/概念，无形，**创**）
掌握着人的命运（现象，行为，有形，**造**）
3. 无（Wú）：无而绝无（有"想象力"）
不存在＝永远存在（常道，无法积累，无穷小/无穷大）
把"元"字的一撇往上伸是"无"字（创"意"无限）

"儿童认识外部世界，总是先从身边和周围的事物开始，由近及远。先认识母亲及其家人，然后扩大到身外的食物、玩具，再扩大到鸟兽、草木、鱼虫等目力所及更大的范围。高山、大河、天空、气象等外界虽在视听范围之内，并不能引起儿童足够的关注。日月星辰先被认识，日月星辰所依附着的更大的'太空'，则较迟才会引起注意。……

小学生春游虽然喜欢爬山涉水，但不懂得欣赏山水风景，不关心朝晖夕照之美。**人类认识过程总是由具体事物开始，由微细到宏大。**……

我们回顾中华民族的认识史，与儿童的认识成长过程居然有惊人的相似之处。"[①]

---

① 任继愈，《老子绎读》，北京：商务印书馆2009年版，第3—4页。

3-13 明白四达，能无知乎：
关系的质量决定品牌价值

做生意讲钱，交朋友靠情。交易有多有少，交情可深可浅，都与关系的好坏有莫大的关联。生意场上的关系有哪些类型？作为企业，应该如何"作为"？

一般来说，企业与顾客的关系按交易与交情可以分为四种基本类型：

第一类，交易少，交情浅。这样的顾客是生客或过客，与企业缘浅分少，属外人。

第二类，交易多，交情浅。这样的顾客是熟客或常客，"习惯性"光顾，是商场好友。

第三类，交易少，交情深。这样的顾客多为企业的私交，虽是选择性光顾，却是有心捧场，是生意外的自家人。

第四类，交易多，交情深。这样的顾客视企业为一家人，"终生"光顾，是"铁哥（姐）们"。

顾客可选择的商家很多。他们愿意同我们做生意即是**赏脸**，同我们做朋友则是**给面子**。没面子只是难受，没脸才真正可畏，脸面全无的企业很快就会垮台。光顾就是**客**。我们需要感谢他们的提（人）和携（钱），他们是**企业的衣食父母**（情）。

我们应该秉持怎样的待客之道呢？

情在理先，礼让三先。**熟饭煮自生米**。只要我们努力，素不相识的客人也可能成为"铁哥（姐）们"。怎么做呢？首先，善待过客（第一类），并把他们当成我们的捧场友（第三类）；其次，让利而非欺骗，通过付出、利人而达成互利、互信，让顾客日久生"意"，变成常客（第二类），进而"意"久生"情"，成为"铁哥（姐）们"（第四类）。

情由质来，义/意由量来。"**质量**"，顾名思义，质在先（我们提供），量在后（顾客赠送）。**质为因，量为果**。如果一开始质都无法保障，以后的量便无从谈起。质越来越优，量便会与日俱增。质越来越差，量一定无疾而终。这就是从**质变到量变**，即关系的"**质量**"上升，**质由量"垫底"**。如下页图中所示，质向右靠，量向上走，最终"交""心"。

先交友，再办事。这是中国文化中的人之"常情"之一。只有先建交情再谈交易这种"自然而然"的方式，才能让人心里踏实，才能有生意之"长情"。质定价，情保值。只有"价""值"并驾齐驱，品牌的**价值**才能真正实现。

老子说："**明白四达，能无知乎？**"（一个人能够大彻大悟而不自作聪明吗？）（《道德经·第十章》）即使是市场经济，也不能总把顾客一视同"钱"（在不违法的基础上），而应该一视同"仁"（讲关系）。我们能做到吗？

与顾客交心的程度决定一个品牌的价值

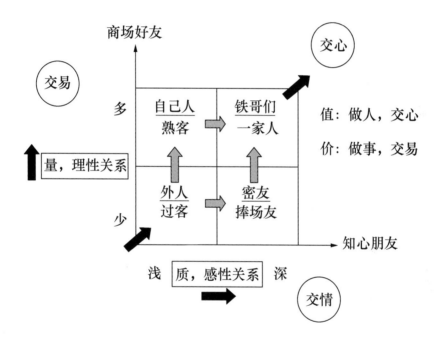

3-14　鸡犬之声相闻，民至老死不相往来：
品牌与消费者之间的心灵距离

古人相信：人们在交往时，心灵（人）契合程度比时、空（天、地）的接近程度更重要，所以有唐朝诗人王勃的"**海内存知己，天涯若比邻**"（《送杜少府之任蜀州》）一说。这样的交往是"不着地"的神交、心交，可谓"**有情无缘**"，既有分离的悲哀，也有牵挂的幸福。

可能是为了"着地"，王勃之后的唐朝诗人张九龄在《望月怀远》一诗中以月亮做信使连接"有情人"："**海上生明月，天涯共此时**"，思念之情借着悠悠月光传递，颇有"**见字如面**"的感觉。

用明月牵起来的关系毕竟短暂易逝，有点"聚少离多"的意味。因此，张九龄之后的北宋文学家苏轼在《水调歌头》一词中说："**人有悲欢离合，月有阴晴圆缺，此事古难全**"，嗟怨的同时又希冀："**但愿人长久，千里共婵娟。**"

老子说："鸡犬之声相闻，民至老死不相往来"（《道德经·第八十章》），描述的应该是过去小地方（乡下）的人们快乐相处的情形。后来，大一点地方（城镇）的人们则是"**各人自扫门前雪，莫管他人瓦上霜**"（明·张凤翼：《灌园记·后识法章》）。随着时代的变迁，不少更大地方（城市）同住一个"屋檐下"的邻居则是"**不扫自家门前雪，更不理他人瓦上霜**"，人情越来越淡漠。

现代城市人生活在高楼大厦里，许多人原来就互不认识（"无情"），目下又不共事（"无义"），碰面时自然是视彼此若无物，虽然彼此之间近在"咫尺"，但内心却相隔"天涯"，真可以用"**楼内无知己，比邻若天涯**"来形容。

在这个信息时代，企业以互联网作为纽带，给"比邻若天涯"的顾客们提供了一个如"海上明月"一般可以"共此时"的平台。让顾客在"网上觅知己"时，不仅将企业当"知"（缘，相识/相遇）更当"己"（分，相辅/相守）。更有不少企业还建立起品牌网络社区，希望不仅拉近品牌与顾客之间的距离，还想借此凝聚顾客之间的情感。像媒人一样，为无论"楼里"还是"天边"的"知己"都牵起红线（情，相恋/相惜）。

素不谋面，终为挚友？缘分似心情，如浮云般随风而生而灭。有情可以神交，有分才有硕果。但愿人长久，千里共婵娟。

人生所贵在知己

天：时间距离
地：空间距离
人：心灵距离

世界上的距离大多是可以测量的。时间（**天**），长到经年累月，短到一分一秒，都可以准确度量。空间（**地**），大到天体，小到细胞，也可以精确测定。但有一种距离却无法用数字标注，就是心灵距离（**人**）。

一个人，倘若心是冷漠的，就会发觉人与人之间的距离遥不可及。但如果怀揣一颗关爱他人的心，愿意伸出友爱的手，感受到的就是人与人之间的相知相依。

人同此心，心同此理。假若一个企业能够敞开胸襟接近消费者，虚心接纳他们的意见、认真倾听他们的建议、真正满足他们的需求，它与消费者之间就没有距离，自然能够与消费者心心相印。

"人生所贵在知己，四海相逢骨肉亲。"[1]

---

[1] （元）萨都剌,《雁门集》,上海：上海古籍出版社1982年版,第272页。

3-15 圣人无常心，以百姓心为心：
服务的"态"和"度"

有一次，我给一帮银行行长上服务营销课。期间安排他们讨论洪昭光与苏叔阳所著的《感悟健康》① 一书中的一个故事："我们医院有一位医生，他的医术很好，生理、病理、药理、看病诊断都是一流的，但是他有一个缺点——见人没有笑容，一本正经，居高临下，冷若冷霜。病人首先感觉到的是医生的态度，并不知道医生有多么高超的医术。所以，尽管他医术高明，还是经常有医患家属给他提意见。"

一位学员表达了这样的观点：孟子讲过，"**仁者爱人，有礼者敬人。爱人者，人恒爱之；敬人者，人恒敬之**"（《孟子·离娄下》）。首先，这个医生缺乏"仁心"。"**仁**"是爱心之举（"爱"的繁体字"愛"中包含"心"字）。"**术**"是专业水平，仁和术不可分，缺一则无法构成"仁术"。其次，他还缺乏"礼"。另一位学员说，以技术标准来看，这位医生是专业的，可惜医德不高。所以，病人才会有意见。大家的发言踊跃，认为故事虽然跟银行服务没有关系，但服务行业应讲求"**仁心仁术**"的道理是相通的。

中华医学会前会长吴阶平（1917—2011）曾说过："**医生不是治病，而是治有病的人。**"② 很明显，上面提到的医生只知治病，却不知治"有病的人"。我在赞赏学员们深厚的文化功底时，也从他们的讨论中感悟到不少道理。

为什么消费者会在意服务提供者的"态"和"度"呢？我以为，好的"态"表现为"**全心全意**"（虚），而好的"度"表现为"**孜孜不倦**"（实）。如果所提供的服务达不到"全心全意"、"孜孜不倦"的话，消费者心里就可能有"疙瘩"。

"**心**"态决定"**态**"度（都和"心"有关）。很多时候，服务者"累红了眼"也得不到消费者的认可，多是因为他们做事只过手而不过脑，更不过心。他们一味机械式地工作，却没有投入感情，纵然提供的服务是专业的，仍有可能遭到"不领情"的顾客的"白眼"。

"**哀莫大于心死**"（《庄子·田子方》），或许有人觉得态度问题可以通过员工培训得以解决，但实际上不那么简单。正所谓"上行下效"，我觉得各级企业领导需做到将心比心、以"心"做则。这也正是老子说的"**圣人无常心，以百姓心为心**"（《道德经·第四十九章》）的一种实践。

---

① 洪昭光、苏叔阳，《感悟健康》，人民卫生出版社2006年版。
② 《壹周刊》，2000年11月30日。

医生的态度等级

《感悟健康》一书中还说：

"医生的态度分五个等级。

第一等级，把病人当成亲人。

第二等级，把病人当成友人。

第三等级，把病人当成病人，就是说没有亲人那么亲，也不像朋友那么好，起码把你当病人，给予同情。

第四等级，把病人当成路人，冷冷淡淡，漠不关心，有的医生把处方都开出来了，眼皮还没抬过一下，竟然不知道病人是男是女。

第五等级最糟了——把病人不当人，训病人，冷若冰霜，居高临下。"

洪昭光的结论是："（医生）要摆正自己的位置，很好地沟通，营造平等的、和谐的气氛，这样才能收到最好的疗效。……

因此，医生给病人治病，不仅仅用手里的药和手术刀，更重要的还是用语言进行沟通，用心灵进行沟通。……很多医疗纠纷、事故查到最后，从技术上没什么问题，但是为什么闹得那么厉害呢？都是态度问题。如果态度很亲切，沟通得很好，讲得很清楚，病人就能理解，也不会产生纠纷。如果态度不好，沟通又不好，那病人就不能理解。"

我们常说：隔行如隔山，然而大道至简，殊途同归。做人做事，两位一体：做事是理性的，主要看最后的结果；做人是感性的，看态度、讲交情，沟通和交流很重要。生意是"做"出来的，朋友却是"交"出来的。

弯腰能进财、交友，和气可生金、积福。企业成功与否的秘诀就在于对待顾客是否有"心"。

第 4 部分

战胜以丧礼处之…

我等做得到吗?

4-1 战胜以丧礼处之：
我等做得到吗？

老子推崇"不争之德"（《道德经·第六十八章》），说"天之道，不争而善胜"（自然的法则在于不陷入纷争而能巧妙取胜）（《道德经·第七十三章》）。

如今，不少人信奉"该出手时就出手"，认为"束手"就是"待毙"。为此他们日夜苦斗，拼红了眼，甚至不惜"战死沙场"。在这个**商场如战场**的时代，如何才能不争而胜呢？

回答此问题，我们首先要理解何为"为而不争"。

老子言："天之道，利而不害。圣人之道，为而不争。"（自然的法则是利万物而不害。圣人的准则是有所作为而不跟人争夺。）（《道德经·第八十一章》）

凡事皆有两面，如同太极图的阴阳两极。**所谓"不争"，不是完全不争，而是如何因应天道，于何时、何地、何事以及与何人不争**。请注意老子说的是"为而不争"而不是"无为而不争"，即如何以"不争"的原则来指导"为"。

正所谓思路决定出路。**沃尔玛**在成立后的很长一段时间，一直避开竞争残酷的城市市场，而专注于不为人注意的农村小镇，一路走来如入"无人之境"，终于成功。这种"**农村包围城市**"的做法正是体现了"**圣人……以其不争，故天下莫能与之争**"（圣人不与人争，所以天下没有人能和他争）（《道德经·第六十六章》）的思想。

无独有偶，W. 钱·金（W. Chan Kim）和勒妮·莫博涅（Renée Mauborgne）合著的《蓝海战略》也强调"**价值创新**"：不是打倒对手，而是——**创造没有竞争的市场**——让竞争变得没有意义。他们所言的"蓝海战略"也是"为而不争"精神的一种表现。当然，这里的蓝海（以及差异化、专利……）并不是一劳永逸的，只能持续一段时间。

不争和争、为和无为各有适用的情境。争而胜时，老子说："杀人之众，以悲哀泣之，战胜以丧礼处之。"（战时杀人众多，要以悲哀的心情去哭泣，战胜方要以丧礼的仪式来对待战死的人。）（《道德经·第三十一章》）

我等，能否？

施恩与思报

中国人尚礼。"礼尚往来。往而不来,非礼也;来而不往,亦非礼也。"(《礼记·曲礼上》)

做生意既是经济往来,也是社会交往。纯粹的经济往来是冰冷的,一笔笔算得一清二楚;社会交往则带有"人情味",在贸易中大家相互欠下人情债,再相互报答,一来二往中,双方都有一种温暖的感觉。人情的内涵是丰富而又模糊的。交往双方心中都有一杆看不见、摸不着但却实实在在感受得到的**感情天平**,以在大原则和方向上保持人情债务平衡。

不报恩情叫"**忘恩负义**",不还人情债叫"**薄情寡义**",会受到社会舆论的谴责。因此,大多数人都选择"你敬我一尺,我敬你一丈"(给脸),而拒绝"被人看不起"(没面)。

在买方市场,商家要有"人情味",必须先考虑顾客的感受(往),才有顾客接受的机会(来)。所谓**"礼尚往来",先"往"后"来"**。

做生意虽然以赚钱为"本",但不能只想着如何从人家口袋里掏钱。有些人满脑子想着"赚""快钱"(而不是"挣""苦力"),总想先占人家的便宜"再说"。但是,有一点他们没想清楚:那样做等于是把"人家"("他人的家"——顾客也好,生意伙伴也好)给"烧"了,把"人家"给"宰"了。"人"和"家"都没了,还有什么好"再说"的呢?还有什么生意可做呢?

或许赵本山和易中天的一次对话能给我们带来一些启示。在谈到如何对待观众或读者时,赵本山说,"站在舞台上,一切为了观众,必须**把汗水和真情交给观众,观众是我的衣食父母**";易中天则说,"谁不**把观众和读者放在心上,观众和读者就不会把他放在眼里**"。[①]

两人都说得战战兢兢,如履薄冰。

我等,能否?

---

① "赵本山易中天煮酒论艺:见面就熊抱 称大雅若俗",中国新闻网,2010年9月15日。

4-2　善为士者不武（一）：
总是损人，岂能利己？

老子有"四善、三不、一为"之说："善为士者不武，善战者不怒，善胜敌者不与，善用人者为之下"（《道德经·第六十八章》），讲的是高明的武士不滥用暴力，善战的勇士不轻易发怒，常胜将军不总与敌人对阵，善用人者总是谦卑。

不武、不怒、不与和为之下都是小计，善为士、善战、善胜敌和善用人方为**大谋**。从里到外，说的是**不要跟自己、自己人、外人、天下人相争**。

动刀动枪，能确定自己不会受伤吗？所以不要轻易动武。

脾气暴躁，可保证朋友不离不弃吗？所以一定要沉得住气。

两军交恶，有把握永远不伤亡吗？所以不要总正面交锋。

三顾茅庐，诸葛亮会永远不见刘备吗？**精诚所至，金石为开**。

和气可生财，"和气"是从不对自己生气开始的。生气是向自己动武，会失去理智。顾客可能是"自己人"，也可能是"外人"。但不论他们是哪种人，企业向他们发怒、叫阵，就是**动武**，也是跟钱过不去，最终都是赢不了的。和颜悦色，彬彬有礼，自然会讨人喜欢。现在的"萍水"之交，是将来"相逢"的基础，正所谓"买卖不成仁义在"。

做生意是谈合作，如果既做成生意，又成为朋友，是幸事。即使目前没有合作成功，也要"凡事留一线，日后好相见"。如果一个企业，从员工到顾客到社会大众无论何时提起它都异口同声地称赞它是个懂礼貌、有人情味的企业，那么这个企业，即使才刚刚起步，也一定是充满希望的。

要生"意"（爱），不要生"气"（恨）。我的建议是：

不与自己争——不要自怨自艾、自乱阵脚。发火、动武，自己是第一个受害者。

不与自己人争——不要窝里横，凡事先礼让三分。兄弟阋墙，伤的是和气。和气一伤，如何生财？同室操戈，同归于尽，只能让亲者痛、仇者快。

不与外人争——河水不要犯井水。**天天损人，岂能利己？**

不与天下人争——不要四面树敌。只有我爱人人，人人才会爱我。诚如老子所言："非以其无私邪？故能成其私。"（不正是由于他不考虑自己吗？结果反而成就了自己。）（《道德经·第七章》）谦下、爱人方能为道、为器。只是，"**不武、不怒、不与**"易（凡人），"**为之下**"难（贤人，圣人）。

第 4 部分　战胜以丧礼处之：我等做得到吗？　87

与自己争，结局多是伤自己，自讨苦吃
与天下争，收场定是失人心，众叛亲离

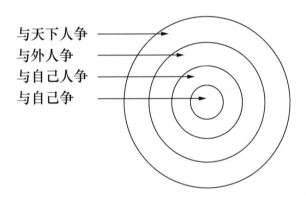

4-3 善为士者不武（二）：
总向顾客动武，能赢吗？

前文说过，老子认为"不武"、"不怒"、"不与"和"为之下"都是善的表现。他紧接着又说："**是谓不争之德，是谓用人，是谓配天，古之极也。**"（《道德经·第六十八章》）意思是：不动手、不发怒、不交恶和谦下都体现不争的美德，善于团结他人、顺应天道，是古往今来为人处世的最高境界。

不武、不怒、不与使人冷静思考，从容面对，如韩信虽受胯下屈辱却不灭凌云之志；而恭谨谦下则可以招贤纳士、集思广益，如刘备三顾茅庐，终可与孙吴、曹魏分庭抗礼，成三足鼎立之势。

动手、发怒乃至交恶都是赶人走，类同放火，是将自己的优势往外"抛弃"，结果是变友为敌，造孽八方；**而谦下则相反，是请人来**，仿若点灯，将他人的优势往里"拉拢"，结果是化敌为友，财路通达。

这样的思想和孙子的兵家之道是类似的："**百战百胜，非善之善者也；不战而屈人之兵，善之善者也。**"（《孙子兵法·谋攻篇》）"不战而胜"最高明。

对从商的人（特别是企业领导人）来说，**"竞争"是表象**，是凡人之举（争一口蛋糕）；**"合作"是内核**，是高人之举（把蛋糕做大）；而**"造福"是本质**，是君子、圣人之举（增加社会福祉、保护地球未来）。"生意"不仅是为自己，也是为他人、为社会乃至为世界造福。只有大家都不败（或共赢），生意和生命才更有意义。

既然是造福而不是造孽，为什么要与自己"斗气"、跟顾客"斗智"、和同行"斗价"（美名"大出血"）/"斗恶"、同政府"斗法"呢？

不争、忍让、"宁停三分，不抢一秒"，才能消怨气、聚财气，"道路畅通，阖家平安"。

自傲、取强、树敌、不恕，天下不保；自敬、示弱、谦下、恕人，无敌不败。

正因为如此，鲁迅才曾感叹："度尽劫波兄弟在，相逢一笑泯恩仇"（《题三义塔》），而不说"劫波未尽结怨仇，兄弟相逢打破头"。

多一个朋友，多一条路。

"不争之德"，真乃"古之极也"。

营销不是"赢销",而是"赢心"

产品或服务能满足顾客需求,却不一定能打动顾客的心;
"专业"固然重要,"专心"则更加重要;
"专业"带来方便与好感,"专心"留住顾客对你的信心。

许多人以为"抢"到"单子"等于赢得顾客。其实,你只不过得到一次同顾客打交道的机会。产品或服务的作用就像"敲门砖"一样。砖不会说话,关键看敲门的人是否善于动脑和用心。

来而不往,非礼也。对于别人给予的合乎情理的善意,我们须谨记于心,并予以报答。也许你的领导还沉溺于"战胜敌人,赢得顾客"的喜悦中,但在你的心里,必须知道自己已经欠下一大笔"人情债"。若不懂得用心,很多时候,你将是企业里最后一个知道顾客已经离你而去的人。

4-4 万物负阴而抱阳,冲气以为和:
百忍成金

有钱人总是喊打,没钱人才会求和?

何谓"和"?从字形上看,它与吃饭有关系。故宫的三大殿(太和殿、中和殿、保和殿)的名字中都含有"和"字。自古民以食为天,这些殿名无时无刻不在提醒皇帝将百姓的吃饭问题摆在心里,只有这样,天下才会真"和",才可能**太平**。

推己达人。我将"和"分为三个层次,任何层次处理不好,都会出大问题。

第一层是**与自己和**:心平气和。心不平,气则不和,易不食、不眠、**折寿**。

第二层是**与家庭和**:家和万事兴。家不和,万事不兴,易失亲、**少福**。

第三层是**与他人和**:在家靠父母,出门靠朋友。做生意若无朋友来叫好,不但"场"捧不起来,还可能赔钱,甚至**招祸**。

不管哪个层次的"和",只有心和才是真和,而面和则未必。**心和影响心情,面和影响面子**。心、面皆和才"有情有面"。

所以,生意从"关、系"(有缘、有分、牵手——开心)走到"系、关"(缘尽、财尽、分手——**心死**),都是因为"**心不和而人散**",无一例外。

有些人爱把**商场当战场**,因一时之气为自己"制造"了一个又一个的冤家对头,结果一次又一次地将自己送入绝境。所以,"**主不可以怒而兴师,将不可以愠而攻战**"(国君不可因一时之愤怒而开战,将帅不可因一时之气愤而开仗)(《孙子兵法·火攻篇》)。

老子说:"**万物负阴而抱阳,冲气以为和。**"(万物背阴而向阳,阴阳互动而形成新的和谐体。)(《道德经·第四十二章》)即使怒火"中烧"或怒气"冲天",也需"隐忍以行"(宋·文天祥:《指南录》)。以退为进,**百忍成金**。

虽然以和为贵,但"和"并不是无条件的。《论语·学而》说:"礼之用,和为贵。先王之道斯为美。小大由之,有所不行。知和而和,不以礼节之,亦不可行也。"(礼的应用,需以和谐为贵。古代君主治国之道的可贵之处就在于此。但事无巨细都讲和谐行不通。只是单纯地为和谐而和谐,而不依礼行事,也不可行。)

经营企业也如此,需要坚持的是有原则的"和"气生财。即使是忍无可忍时,也要**先礼而后兵**。"**小不忍**"则"**乱大谋**"(《论语·卫灵公》)。

斗而恨,而亡;和而解,而生。

和气免祸，居中为吉

和气不一定能生财，但不和气一定会伤自己。
"和"既可以助他人成就梦想，更可以使自己幸福一生。
"和"为贵，"和"能免祸、招福、延寿。

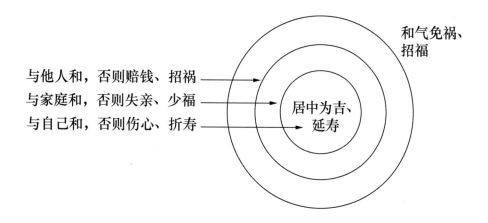

4-5 以无事取天下：
做生意好比谈恋爱

老子说："以正治国，以奇用兵。以无事取天下。"（以正道治国，以奇术用兵。取天下则靠"无事"。）（《道德经·第五十七章》）

做生意也一样。**企业治理靠正道，市场策略用奇术，在无损他人的情况下成功才是真成功。**

正：原则，做人，静，常，正大光明。

奇：创意，做事，动，变，与众不同。

"以无事取天下"这句话的意思同"**以其不争，故天下莫能与之争**"（《道德经·第六十六章》）、"**无为而无不为**"（《道德经·第三十七章》）是一致的，可以说是"**无有入无间**"（以无形的力量穿透无间隙的东西）（《道德经·第四十三章》）。企业可以通过**推陈出新**（发掘潜在需求），进而脱颖而出（创造新兴市场）。如此找准了市场的空白点，就能不扰人、不夺人，轻易取胜，而天下人莫能与之争。老子还说："**夫唯不争，故无尤。**"（由于他不与人争，所以没有人怨恨他。）（《道德经·第八章》）"天下"就这样在"无事"、"无为"（不搞事、不妄为）中取得。

做生意或许与谈恋爱有几分相似。不是每个人都能在毫无"对手"的情况下同"**心有灵犀一点通**"（唐·李商隐：《无题》）的另一半"**千里姻缘一线牵**"（唐·李复言：《续玄怪录·定婚店》）。

但是，得到对方的爱与打败对手，哪个更重要？

如果对方深爱你——"情投意合，白头到老"，对手不打自败。

如果对方爱上了对手——"海枯石烂不变心"，你打得头破血流又有何用？

或许你会说："做生意好比打仗，现实的市场是残酷的，不狠不行。"

凡事都有两面：**不刻意而为，不任意不为**。那种时时刻刻（天）、方方面面（地）、不分敌友（人）都"打"字当头的做法是要不得的，须知："**杀敌一千，自损八百。**"杀人终偿命。

作为营销人员，我们必须学会洞悉世界潮流、了解国家政策、理清市场趋势以及把握消费者心理，比别人更早认识、顺应市场规律和需求规律（**正、常、道**），更先一步"创"（虚）和"造"（实）出吸引买家的产品或服务（**奇、特、行**）。

无正不立，无奇不有，奇正相生。

奇正相生：企业发展的不竭动力

奇→奇妙→奇思妙想→妙想、天开→奥妙无穷

在现代汉语中，"奇"有"特别，罕见"的意思，人们经常用它来形容独特、超凡的人、事、物，如奇人、奇才、奇文、奇谈、奇花异草、奇装异服、出"奇"不意，等等。这种种之"奇"让我们的生活遍布浩如烟海的"妙"，如妙语连珠、妙不可言、精妙绝伦、锦囊妙计、妙绝时人、妙手回春、妙笔生花，等等，不一而足。正所谓**"运用之妙，在于一心"**（清·吴敬梓：《儒林外史·第四十三回》）。

然而，如果不走光明正道，让歪门邪道横行无阻，则导致**"民弥贫"**、**"国家滋昏"**、**"盗贼多有"**（《道德经·第五十七章》）。

因此，"奇"、"正"是世事万物的"虚"、"实"两面：以"奇（虚）"为先（虚以带实），各种各样的奇人、奇才、奇文、奇招、奇思妙想层出不穷，企业才能发掘新产品/服务创意和建立人才储备；以"正"为准（实以引虚），企业员工才能踏踏实实、兢兢业业地工作，把具体的产品/服务做到"妙"，为下一次的"奇"提供基础。

以"奇"辅"正"、以"正"明"奇"，奇正相生、虚实相进，企业才有持续的生命力。

4-6 多言数穷,不如守中:
持之有故,言之在理

老子说: "多言数穷,不如守中。"(言多必失,不如保持适中。)(《道德经·第五章》)

何为"多"、何为"穷"、何为"中"呢?

言多必失。常言道,新官上任三把火。有些新"官"一到部门,连员工、产品、市场都还没熟悉,就**发号施令(有为)**,摆出一副"领导"的架势。殊不知没有调查就没有发言权,在没有完全掌握"内情"(员工)、"事情"(产品)和"外情"(市场)之前就自以为是地"信口开河"、"胡说八道",只怕言多必失、祸从口出,弄不好断送了企业的前途。

言("谨")为心("慎")声。身居高位时,说"心里话"更应该"谨慎"。否则,很容易"一得志就'伤人',一开口就'坏事'"。为人,三思而后言;处世,既"慎"又"重"。不知则不言,**沉默(无为)是"金"**(而无不为)。

"夫人不言,言必有中"(《论语·先进》),意思是说话要说到点子上。真下了工夫,做好了"功课",自会言简意赅、言之有理。说话要有"分量","分"在"量"前,意即**说话不在多少,而在分寸**。

回到"多言数穷,不如守中","言"为虚,"中"为实。孔子曾言:"**君子欲讷于言,而敏于行。**"(君子言语要谨慎,但行动要敏捷。)(《论语·里仁》)真正的君子是"敏行"而"讷言"的。孔子又说:"**言必行,行必果。**"(《论语·子路》)少说多做,言而有信。言出必行,走遍天下。

"领"必"导","指"需"挥"。假若今天你被赋予重任,身为领导者或是指挥者,该说什么、怎么说,该做什么、怎么做呢?

说一千,道一万,不如扎扎实实做一件。

金刚怒目，不及菩萨低眉

领导，顾名思义，是"领"和"导"，有领导就有下属；下属，顾名思义，是"下"和"属"。那么，领导应该如何与下属沟通、交流呢？

智者善听，愚者善说。

"贞观盛世"与唐太宗李世民的虚怀纳谏不无关系。他不仅"善听"，更"兼听"。宋朝学者司马光编著的《资治通鉴·卷一九二》中讲述了这样一则故事："上问魏徵曰：'人主何为而明，何为而暗？'对曰：'**兼听则明，偏信则暗**。昔尧清问下民，故有苗之恶得以上闻。舜明四目，达四聪，故共、鲧、驩兜不能蔽也。秦二世偏信赵高，以成望夷之祸；梁武帝偏信朱异，以取台城之辱；隋炀帝偏信虞世基，以致彭城阁之变。是故人君兼听广纳，则贵臣不得拥蔽，而下情得以上通也。'上曰：'善。'"（唐太宗问魏徵："君主怎样才能明辨是非，怎样是昏庸糊涂？"魏徵答："广泛地听取意见就能明辨是非，偏信某个人就是昏庸糊涂。从前，尧帝明智地了解民情，所以能够及时掌握三苗作恶之事。舜帝耳听四面，体恤下情，所以共、鲧、欢兜都无法蒙蔽他。秦二世偏信赵高，结果在望夷宫被赵高所杀；梁武帝偏信朱异，后来在台城被软禁饿死；隋炀帝偏信虞世基，最后死于扬州的彭城阁兵变。所以君主广泛听取意见，则贵族大臣不敢蒙蔽，下情才能得以上达。"唐太宗说："很好。"）

孔子曰："**君使臣以礼，臣事君以忠。**"（《论语·八佾》）今天的"领导"与"下属"，只是职务的分别而非君臣关系。领导的权利不是来自"天命"，下属因而不需要"诚惶诚恐"，许多人更是"吃软不吃硬"。

所以，领导在处理上下级工作中应以理服人，以礼敬人。"金刚怒目，不及菩萨低眉。"理全礼敬，上下级和谐共处，工作自然事半功倍。理不是用嗓门大小决定的。理有事理和相处之理。失理始于失礼。

作为领导，还要懂得"善听"。所谓"善听"不是做"不言"的"好好先生"。孔子说："**可与言而不与之言，失人；不可与言而与之言，失言。知者不失人，亦不失言。**"（该说时你没说，这是失人；不该说时你说，这是失言。智者既不失人也不失言。）（《论语·卫灵公第十五》）明知下属出错而不指出、不提醒也是会"失人"的。

4-7 高下相倾(二):
当局者迷,旁观者清?

当局者迷,旁观者清。当局者,就像是下棋的人;旁观者,如同在旁边观棋的人;迷,是迷失;清,是清楚。这句话是说身在其中的人却不如外人那样看得明白,就像下棋的人不如观棋的人看得清楚。

"当局者"与"旁观者",到底哪个"迷"哪个"清"呢?如果放到领导者的情形,这其中有个**兼听则明**的问题。

不少领导者认为,战略决策需要从整体上把握企业全局,应该是高层的事情,毕竟只有他们最清楚问题的症结与解决的关键,而基层人员"不应插嘴"。然而公司的最高"当局"时有一些看不到、不愿看或不敢看的地方。**看不到**可能是因为认识有局限(高度不够),但却自高自大;**不愿看**或是因为往事的牵累(角度有错),不愿面对;**不敢看**则可能觉得根本就做不到(能力有限),无奈选择漠视。当然,还有其他的可能性。但无论什么原因,此时他们是迷失的。

在环境复杂多变、竞争日趋激烈的形势下,当局者若真"迷"而"失"的话,可能难返。正所谓:**四面受困,焉能回天?**

孔子曰:"**三人行,必有我师焉,择其善者而从之,则其不善者而改之。**"(《论语·述而》)孔子又曰:"**敏而好学,不耻下问。**"(《论语·公冶长》)为保持抉择正确,在操作问题上企业高层决策者必须听取基层人员的意见。一线员工是对市场感觉最敏锐的"神经末梢",他们对市场的"蛛丝马迹"了如指掌,于决策大有裨益。高层决策者要重视他们的观察、反馈和建议,有效发挥他们的长处(务"**实**",一手信息,以小见大),以弥补高层决策的局限(务"**虚**",信息滞后,以大猜小)。同时,在战略问题上也应及时让一线员工了解决策层**在做什么**("清")、**想什么**("迷"),争取他们的配合和支持。如果不能做到这一点,上下不一心,整个"棋局"最终只会走向颓势。

老子说,"**高下相倾**"(高与下互相对立而存在)(《道德经·第二章》),确实如此。

知易行难，不行不知

当局者清，旁观者迷。"当局者"果真这么迷失，"旁观者"又当真那么清楚吗？有没有可能下级同样看不到、不愿看或不敢看上级在做什么、想什么呢？一些时候，难道他们也像决策层一样，因为高度不够、角度有错或能力有限而看不到、不愿看或不敢看？还有其他的可能性，比如他们虽看到了事情的表象与现状，却猜不到内情与发展。无论什么原因，他们也处于迷失中。

所以，在企业的决策过程中，也要看到**一线员工**（旁观者）在高度和视野上的不足（**就事论事，局部、短期导向，见"林"**），毕竟他们缺乏**高层**（当局者）在战略性方面的敏锐性（**整体把握，全局、长期导向，见"森"**）。

平时下棋只不过是消遣。输了，认了；若反悔，有心情、有机会的话还可再来，或许可以转败为胜、破涕为笑。也有屡战屡败、屡败屡战、至"死"方休的。但这都是游戏而已，输赢不过只是简单的一时"成败"。

但商场的棋局却不止关系到企业经营中的得失，甚至还可能牵连到企业的存亡。不论是当局者（企业高层）一时的"迷"惑，还是旁观者（一线员工）短暂的"迷"茫，都可能导致企业内部士气上的低落（虚），进而致使企业在外部市场上失利（实）。

因此，**当局者与旁观者要良性互动**。要想使自己的企业走得更稳健、更长远一些，当局者就需承认自己的局限，不断加以反思和学习。在企业内部，应注重"上（当局）"、"下（旁观）"互补；在企业外部，需注重"内（当局）"、"外（旁观）"结合。这样或许可以使自己少一些"迷"惘，多一份"清"醒。

我们要争取的是：**当局者不迷，旁观者亦清**。

人都有迷糊的时候。作为当局者，若有人从旁加以指点，甚至有人像禅宗所主张的那样，给予当头"棒喝"，使你"迷"途知返、"清"源正本，这是**你的福气**。

良药苦口，药到病除。

第 5 部分

天下皆知美之为美，

斯恶已‥

何可为，何不可为？

5-1 小国寡民：
乔羽的小民情结

"春晚"是许多中国老百姓大年夜必看的节目。作为全国人民隔空团聚的平台，它让辞旧迎新的除夕夜倍添情趣。每年"春晚"的开场节目从无雷同，但压轴节目却大都是《难忘今宵》。细品这首由乔羽作词的歌曲，第一段讲**留恋**，第二段说**憧憬**，合在一起则表达了纯朴的新年祝愿：**天地人和，合家团圆，结缘交友，健康长寿**，道出了那一特定时刻所有**中国人的心声**。

"难忘今宵（**留恋**，天，合），无论天涯与海角（**地**，**家**），神州万里同怀抱（**人**，**团**），共祝愿祖国好（**和**，**圆**）"；"告别今宵（**憧憬**），不论新友与旧交（**结缘，交友**），明年春来再相邀（常来，常往），青山在（自然，**健康**），人未老（如意，**长寿**）。"（《乔羽文集·诗词卷》）

正因为饱含**生活气息**和**泥土芳香**，乔羽的"小民"歌词才为广大民众喜闻乐见。乔羽的母校山东济宁一中的网站上曾有乔羽的这样一段话："我一向不把歌词看做是锦衣美事，高堂华屋。它是**寻常人家**一日不可或缺的**家常饭**、**粗布衣**，或者是虽不宽敞却也**温馨的小小院落**。"① 这和老子所言有所类似："**小国寡民……甘其食，美其服，安其居，乐其俗。**"（让寻常地方的人民……吃得香甜，穿得漂亮，住得安适，过得舒服。）(《道德经·第八十章》) 两段话表达的同是**朴实的"小民"心愿**。

乔羽对自己要求很高。他说："我认为在情感上、思想上，歌词所表达的应当是我们民族**最好的、最积极向上的、最健康的东西**；它在艺术上一定是雅俗共赏的，是中国人**最习惯、最喜闻乐见**的。凡是好歌，我认为都符合以上这两条。虽然做起来很难，但若不敢经受这样的考验，艺术也就没**希望**。"② 这与《礼记·乐记》中所说的有着异曲同工之妙："**乐者，通伦理者也。……乐者敦和，率神而从天。**"（音乐是与伦理相通的。……它使人际关系敦厚和睦，尊神而服从于天。）

由此可见，乔羽的"小民"歌词源自其深厚的伦理基础、文化底蕴和艺术功力。这些也是想做好品牌的企业家所必需的。

---

① "乔羽谈歌词创作"，济宁一中网站，2008 年 11 月 21 日，http：//www.sd-jnyz.com/E_ ReadNews.asp? NewsID = 380。

② "乔羽谈歌词"，子规论坛，2010 年 7 月 27 日，http：//www.zigui.org/bbs/read.php? tid = 141827。

表达历史的喜悦

乔羽认为，他的歌词经久不衰的原因在于它们"起到了一个**历史标志**的作用"，"表达了**历史的喜悦**"。他指出，现代中国歌曲的第一次高潮出现于民族危机深重的20世纪30年代后期，以"救亡歌曲"为代表；第二个高潮出现于50年代新中国建立之初，其特点是表现了人民大众的喜悦之情；第三个高潮则出现在改革开放之后，其特点是歌词作者和作品如雨后春笋般大量涌现，我们有了专业的"歌词作家群"。

他说，中国的歌曲正在酝酿一个新的高潮。这是因为中国进入了一个新的历史时期，各方面的条件比历史上任何一个时期都要好。"在这种条件下，**谁能反映这个时代，表现这个时代的精神面貌，谁就成为这个时代的大作（词）家**。"[①]

乔羽的这番言论虽只针对歌词创作，但其道理延伸到创建品牌上也是如此。那些"深入人心"的大名牌，哪个表达的不是"历史的喜悦"、起到的不是"历史标志的作用"、反映的不是"时代的精神面貌"呢？

被"喜闻乐见"的是名牌，使"天下归心"的是王牌。

[①] "乔羽谈歌词"，子规论坛，2010年7月27日，http://www.zigui.org/bbs/read.php?tid=141827。

5-2 既得其母，以知其子：
丰子恺的儿童漫画

丰子恺（1898—1975），素有"中国漫画之父"之称。他独具匠心地以儿童为题材，寥寥数笔就能淋漓尽致地展现出儿童的天真可爱。他的画往往还配以幽默风趣、哲理深刻的题款。这些作品的风格**独树一帜**，在当年被誉为"**无声之诗**"，至今仍然广泛流传。儿时的我对他的画如痴如醉。

他在《子恺漫画选自序》[①]中写道："我对我的（儿童）描画对象是'热爱'的，是'亲近'的，是深入'理解'的，是'设身处地'地体验的"，并对此进行了如下描述：

"**热爱**"。"我作这些画的时候，是一个已有两三个孩子的二十七八岁的青年。我同一般的青年父亲一样，**疼爱**我的孩子。我**真心地爱**他们：他们笑了，我觉得比我自己笑更快活；他们哭了，我觉得比我自己哭更悲伤；他们吃东西，我觉得比我自己吃更美味；他们跌一交，我觉得比我自己跌一交更痛……热爱便是作这些画的最初的动机。"

"**亲近**"。"我常常抱孩子，喂孩子吃食，替孩子包尿布，唱小曲逗孩子睡觉，描图画引孩子笑乐；有时和孩子们一起用积木搭汽车，或者坐在小凳上'乘火车'。我非常亲近他们，常常和他们**共同生活**。这'亲近'也是这些画材所由来。"

"**深入理解**"。"由于'热爱'和'亲近'，我深深地**体会**了孩子们的心理，**发现**了一个和成人世界完全不同的儿童世界。……房子的屋顶可以要求拆去，以便看飞机；眠床里可以要求生花草，飞蝴蝶，以便游玩；凳子的脚可以给穿鞋子；房间里可以筑铁路和火车站；亲兄妹可以做新官人和新娘子；天上的月亮可以要它下来。"

"**设身处地地体验**"。"我常常**自己变了儿童**而观察儿童。我记得曾经作过这样的一幅画：房间里有异常高大的桌子、椅子和床铺。一个成人正在想爬上椅子去坐，但椅子的座位比他的胸脯更高，他努力攀跻，显然不容易爬上椅子；如果他要爬到床上去睡，也显然不容易爬上，因为床同椅子一样；如果他想拿桌上的茶杯来喝茶，也显然不可能，因为桌子面同他的头差不多高，茶杯放在桌子中央，而且比他的手大得多。这幅画的题目叫做《设身处地做了儿童》。"

老子说："**既得其母，以知其子。**"（明白了万物的根源，就能明白万物。）（《道德经·第五十二章》）万事万物莫不如是。我认为，在丰子恺的儿童画中，"母"是儿童，而"子"是画。他对"母"的了解是如此透彻，所以才能将"子"刻画得如此生动。

[①] 丰子恺，《缘缘堂随笔集》，杭州：浙江文艺出版社1988年版，第328页。

我们对顾客了如指掌吗？

念 MBA 时，曾看过一本关于如何通过了解顾客发现潜在市场机会的书。大概的内容是：

进行营销活动就像帮人选礼物一样，说难也难，说容易也容易。

难的是如果对送礼的对象**完全不了解**，不知道对方的身份、秉性、特点，更不知晓他们的需求、梦想、价值观……则"**无从下手**"。

如果通过了解，知道对方是谁、是男还是女、年纪大约多大，如此"**如见真人**"，则稍容易。

假如更进一步，了解到对方需要什么、喜欢什么、讨厌什么、忌讳什么，"**知其所好，晓其所恶**"，则更容易。

倘若再深一步，与对方见过、交谈过、一起吃过饭、一起外出旅游过，"**混迹其间**"，则又更容易些。

当然，要是和对方是好朋友，甚至曾**朝夕相处**，达到了"**知子莫若**"的地步，则有可能买到令对方感到"**惊喜**"的礼物。

……

作为营销者的我们，对顾客的"**需**"和"**要**"体察得越深入，对他们的"**帮**"和"**助**"可能越有力。

了解顾客的途径有很多，比如，直接"**探听**"（面对面了解）、深入"**发现**"（调研分析）：他们到底是求廉（温饱）、求美（小康）还是求新（小资），是求安全与自尊还是求标新和立异呢？

了解了顾客，我们就可着手于"**助**"，助可以是有形的"**助力**"、"**助手**"，也可以是无形的"**助威**"、"**助兴**"、"**助势**"；可以是操作层面的、技术层面的，也可以是管理层面的；可以是量化的，也可以是质化的。

相助的时机非常重要，如果我们对顾客不了解就开始热心地"帮"，则很可能会**越帮越"忙"**。

什么时候我们看到、想到、走到、做到顾客乃至市场之前，什么时候我们就把握了先机。

从丰子恺的理解中可以看出，**只有爱却不亲近不行，只有深入理解却没有亲身体验也不行**。我们做营销、做品牌，对产品和市场应该多加亲近进而深入体验。

和丰子恺相比，我颇觉惭愧。

5-3 信言不美：
电器大王蒙民伟

对于大多数人来说，蒙民伟只是个陌生的名字。即便内地和香港已有超过十所大学里有"蒙民伟楼"，但许多人都只知其楼而不知其人。

蒙民伟（1927—2010）的一生充满传奇，他凭借独到的眼光、精巧的创意和良好的信誉获得成功，被称为"电器大王"。

1953年，蒙民伟取意"**有信则兴**"，成立**信兴行**，开始与**松下公司**合作发展业务。当时公司连他在内仅有三人，主要业务是进口杂货。

与松下合作一年后，蒙民伟希望可以取得该品牌在香港的总代理权，为此专程到大阪去找松下幸之助。他后来回忆说，"松下第一句问我：'你有无钱？'我答：'无。'"松下又问："我信任你，你信任我吗？"蒙点头。松下欣赏他的老实，决定将总代理权给他。于是，两人简单地**握手为实**，并未签订合同就进入了合作的新阶段。当时不少公司都挂有两个招牌，同时代理竞争公司的同类产品。索尼的盛田昭夫曾找到蒙民伟问其可否也代理索尼的产品，他以跟松下有约在先而婉拒。盛田昭夫多年后不无感慨地说："回绝索尼代理权的，世上只有他一个。"[1] 由于蒙民伟**一言九鼎**，松下对他非常信任，据说信兴至今仍是松下在全球唯一从未签过合同的代理商。[2]

老子说："**信言不美，美言不信。**"（可信的话不一定华丽，华丽的话不一定可信。）(《道德经·第八十一章》)

蒙民伟与松下的合作始于"信言不美"，而他在商业上的成功与对社会的贡献却坚守着"美言可信"的信条。

其中为人津津乐道的是蒙民伟将电饭煲带进香港的故事。20世纪60年代初，香港人习惯以"火水炉"或炭炉煮食，"无火煮饭"是不可思议的。为改变人们的观念，蒙民伟带着电饭煲，四处"示饭"（示范），逐家推销，靠着阵阵饭香赢得顾客口碑，成功地将电饭煲打入香港市场。为了增强推销的效果，他还在弥敦道竖立霓虹招牌，在多区设陈列室，办大型展览会。这些在当时都是创先河的事件。

在企业取得成功的同时，蒙民伟还积极回馈社会。他在1984年成立"信兴教育及慈善基金"，多年来向社会捐款逾5亿元。蒙民伟接受访问时曾表示，"我很重视教育，所以用自己的名字去命名（教学楼），并非为名，而是希望鼓励更多人对教育作出贡献"。

1996年紫金山天文台将一颗小行星命名为"蒙民伟星"，向世人彰显他对社会的贡献。

---

[1] "蒙民伟"，维基百科，http：//zh.wikipedia.org/wiki/蒙民伟。
[2] "引进乐声饭煲改写港人生活，电器大王蒙民伟病逝"，香港《信报》，2010年7月22日。

第 5 部分　天下皆知美之为美，斯恶已：何可为，何不可为？

有 信 则 兴

美 言 必 行

良 行 乃 德

中野嘉子在 2010 年出版了一本英文书 *Where There Are Asians, There Are Rice Cookers—How "National" Went Global via Hong Kong*（《哪里有亚洲人，哪里就有电饭煲：乐声牌是如何从香港走向世界的》），讲述电饭煲在那个年代如何改变女性的生活模式，带来一场厨房现代化革命。她指出：煮饭需要很多时间和精力。假如没有电饭煲，主妇们有可能宁可把早饭换成面包。如此，人们对大米的需求将会大幅减少。她还指出，亚洲人到其他不以米饭为主要粮食的地方长时间居住，也总会把电饭煲带在身边。这样一来，不只让亚洲人保持了吃米饭的习惯，更将他们的饮食文化带到其他地方去。蒙民伟不仅看到这种趋势，还成功地以他独特的思维和行动方式，从香港一隅开始，将电饭煲推向世界市场。

5-4 见小曰明，守柔曰强：
高锟的潮平岸阔

　　高锟，1933年生于上海，著名华裔科学家。他在光纤研究上的突破，为现代通信带来了翻天覆地的变化，也因此于2009年获诺贝尔物理学奖。

　　高锟从小就是个科学迷，小学六年级时迷上化学，在家里"自建""实验室"；后来他又迷上了无线电，成功地装过收音机，并自此萌发了日后对电机工程的兴趣；在香港读完高中后赴英国学习电子工程；1957年大学毕业后投身于电信行业的研究工作，同时兼读博士学位。

　　高锟在《潮平岸阔——高锟自述》[①] 一书中回顾自己所走过的道路时，说他一直牢记中学时读过的莎士比亚话剧《裘力斯·凯撒》中的一段话："世事的起伏本来就是波浪式的，要是能够趁着高潮一往直前，定可功成名就；要是错失机会，就要终身跬蹭，一事无成。"高锟将这句话理解为"**掌握时机是成就事业的关键**"，而他正是在恰当的时机加入了通信行业，当时研究机构开始注意到公众对传送大量信息的通信设备存在强烈需求，并开始致力于提高现有设备功能的研究。

　　在高锟从事光纤研究时，公司管理层乐于给他机会，同事们愿意与他配合，再加上博士论文指导教授是微波研究专家，天时、地利、人和皆俱。高锟于1965年获伦敦大学博士学位，以他为首的课题小组于1966年7月在《英国电机工程师学会学报》上发表研究论文《介电波导管的光波传送》，这篇论文后来被确定为光波通信的开山之作，而高锟则被尊称为"光纤之父"。

　　我猜想，书名中"潮平岸阔"四字应该是取自"**潮平两岸阔，风正一帆悬**"（唐·王湾：《次北固山下》）。这句诗前一半说"潮"，后一半说"弄潮"。高锟从一个善于抓住机遇的"**弄潮儿**"（顺时势），提出好问题，寻到好答案，成为光纤研究的"**领潮者**"（成英雄）。

　　老子说："**见小曰明，守弱曰强。**"（能洞察隐微叫明，能坚守柔弱叫强。）（《道德经·第五十二章》）成功来自**把握机遇**，这个机遇也许是一个时间点、一个地点、一个人、一件事、一句话……成功的企业必然是善于发现事物背后隐藏的"**星火**"，并通过努力使其"**燎原**"。

　　我想知道，"潮平两岸阔，风正一帆悬"如果倒置为"风正一帆悬，潮平两岸阔"，其情形又将如何呢？

---

① 高锟，《潮平岸阔——高锟自述》，成都：四川文艺出版社2005年版。

富人、伟人与要人

《潮平岸阔——高锟自述》里有一章为**"富人、伟人与要人"**。在这一章中，高锟说："我并不是个自命不凡的人，因此没法把自己归为富有、伟大，又或是有权有势的其中任何一类。"

成名之后，有人给高锟戴上了一顶"伟大"的帽子。但高锟认为，"伟大"是同事、同行一起努力的成果，而**"我其实还是昔日的我"**。

1970年年初，高锟和家人回到内地，目睹了"历史的崎岖"。"也许出于对祖国心照不宣的同情"，在离开内地回到香港召开记者招待会时，"大家都觉得没有必要……宣扬中国的落后"。

随着事业上的成功，高锟说"在不自觉间，我与权位、财富和名誉的关系日渐加深"。任香港中文大学校长时，"我接触的自然……是权力金字塔中最上层的人物，也和皇室成员、公司高层等有交往。想着，心里就有点飘飘然，我要扮得阔气些，以免让'观众'失望。但我知道，不能让这种心理占上风"。

"在香港，有钱者也自然有权有势，作为大学校长，（我）得与他们打交道。他们对人都很好，不过对自己的地位也很自觉。"但他任校长时，"跟修理水管的工友也可说上几句笑"。他还说他"过不惯奢华的生活"，喜欢退休后"平常人的生活，如果市民认得我的话，常可以在巴士、火车和各种交通工具上见到我"。

或许有人会说以上这些不过是高锟在自吹自擂。但我所认识的与高锟任职校长时有工作关系的同事无一例外地说高锟是位谦和、近人的君子。

高锟是个有成就、受尊敬的平凡人。

高锟几年前患了老年痴呆症，正接受治疗。或许他与夫人时不时还回香港，因为不久前我在一个商场里见过他的夫人。虽然我从未和他们说过话，但我在心里**祝他们晚年幸福**。

5-5 天下皆知美之为美：
金庸小说的魅力

金庸是知名的华人武侠小说作家。他的书令许多人如痴如醉，废寝忘食。究其原因，从下面摘自金庸作品集新序①的两段话中可窥一斑：

"我写武侠小说，只是塑造一些人物，描写他们在特定的武侠环境（中国古代的、没有法治的、以武力来解决争端的不合理社会）中的遭遇。当时的社会和现代社会已大不相同，人的性格和感情却没有多大变化。古代人的悲欢离合、喜怒哀乐，仍能在现代读者的心灵中引起相应的情绪。"

"我希望传达的主旨是：爱护尊重自己的国家民族，也尊重别人的国家民族；和平友好，互相帮助；重视正义和是非，反对损人利己；注重信义，歌颂纯真的爱情和友谊；歌颂奋不顾身地为了正义而奋斗；轻视争权夺利、自私可鄙的思想和行为。武侠小说并不单是让读者在阅读时做'白日梦'而沉湎在伟大成功的幻想之中，而希望读者们在幻想之时，想象自己是个好人，要努力做各种各样的好事，想象自己要爱国家、爱社会、帮助别人得到幸福，由于做了好事、作出积极贡献，得到所爱之人的欣赏和倾心。"

揣摩斟酌，会发现这两段话各有所指：

第一段话中，金庸首先描述了他的写作创意：奇事奇遇——"真实"的虚构故事；之后，又陈述了他对读者阅读感受的期望——真性情，真感受。金庸在书中，刻画的皆是忠实于"现实世界"的"神化"人物，让读者有一种身临其境、真切却又奇怪的"人化"体验。故事中的奇事真人跃然纸上。

第二段话展现了金庸所要表达的核心价值——思想性，宣扬中国人所笃信的**"我爱人人，人人爱我"**的价值观。金庸书中的主角大都心怀天下，悲天悯人，不计较一人一事一时的得失，虽有磨难，但最终都能"仗义"而"施大爱"于天下。在我们这个讲求**"先天下之忧而忧，后天下之乐而乐"**（北宋·范仲淹：《岳阳楼记》）的社会里，这些文字显然能让读者跟随主人公跌宕起伏的命运来体会"济世安天下"的"壮怀"，引起极大共鸣。

老子说："**天下皆知美之为美，斯恶已；皆知善之为善，斯不善已。**"（世人都知什么是美，丑的观念也就产生了；都知什么是善，恶的观念也就产生了。）（《道德经·第二章》）比如，《笑傲江湖》中金庸塑造了洒脱不羁但仁心侠义的令狐冲，也刻画了道貌岸然、虚伪阴险的岳不群；《射雕英雄传》里的郭靖虽然憨厚，但对国（南宋）、家（民众）却有着很深的感情，因此不忍攻伐。小说中的人物性格和行为如此鲜活，源于金庸对中国历史以及中国人的深刻认识和把握。

---

① 金庸，《神雕侠侣》（金庸作品集·新修版），香港：明河社出版有限公司2008年版，第3—5页。

金庸小说的启示：心有灵犀一点通

金庸在其作品集的新序中还写道：

"读者阅读一部小说，是将小说的内容与自己的心理状态结合起来。同样一部小说，有的人受到强烈的震动，有的人却觉得无聊厌倦。读者的个性与感情，与小说中所表现的个性与感情相接触，产生了'化学反应'。"

"我希望读者们只说喜欢或不喜欢，只说受到感动或觉得厌烦。我最高兴的是读者喜爱或憎恨我小说中的某些人物，如果有了那种感情，表示我小说中的人物已和读者的心灵发生联系了。小说作者最大的企求，莫过于创造一些人物，使得他们在读者心中变成活生生的、有血有肉的人。艺术是创造，音乐创造美的声音，绘画创造美的视觉形象，小说是想创造人物、创造故事，以及人的内心世界。"

在金庸的作品中，画——作者为我们讲述的故事——为实；情——作者借助情节展示的人物情感——为虚；价值观是核心——归根到底，我们最能引起共鸣的还是小说的主旨——"**我爱人人，人人爱我**"。

读者受到"**震动**"，面红耳赤地**争辩**事情的是非曲直、好坏优劣，是因为金庸笔下的武侠人物往往面对两难选择。

读者起"**化学反应**"，对某些人物一时**爱**得刻骨铭心、另一时却**恨**得咬牙切齿，是因为不少人物看似有情却冷血，而另一些人物则看似冷血却有情。结果读者时而爱在心中，时而剑在手中，读时好坏难分、情绪起落，阅后啼笑皆非、心绪难平。

一个巴掌拍不响。成功的作品需要作者（开场，一人唱，假戏）和读者（捧场，众人和，真做）共鸣。这里的"争辩"、"爱恨"是针对人物的，而"和"是针对作者的，都因金庸能"真实地"把握住人物性格与情感、深刻地描绘出"江湖"社会（一个真实世界的映射）的规则与行为，让读者能够"将心比心"、"以身试武/刀"进而达到"书人合一"的境界。

企业塑造产品/品牌，与小说家塑造人物一样，个性是否"奇特"、举止能否"感染"消费者是非常重要的。成功的产品/品牌需要与顾客一唱一和，琴瑟和鸣，才能渐入人心，从此往来不绝。在此过程中，起着长期性、决定性作用的——正如金庸小说的魅力所在——是产品/品牌的"主旨"。

5-6　有之以为利,无之以为用(二):
香港置地广场

内地许多城镇已经"大兴土木"了好些年,商场盖得一座比一座漂亮、壮观。但走进一些商场后的感觉却让人困惑。在同一楼层里,时不时能看到一些档次或品类迥异极大的商铺紧紧挨着。尽管这些商场熙熙攘攘,但许多顾客的脸上并没有身处"购物天堂"的兴奋表情,营业员也缺少在"天堂"为"上帝"服务的激情。

商场的建筑设计和管理大有学问,而业主的眼光更为重要。

在张立的《商心国是·苍山如海》[①]一书中有这样一个故事,说的是几十年前在寸土寸金的香港中环,遥遥相对地盖起了置地广场和另一家商场。置地广场的业主想把商场办成世界名牌专卖店的集中地,抓住有钱人购物时不喜欢拥挤的特点,将走道留宽,同时还留下不少看似无用的空间,包括宽敞的大庭和中央的喷水池。几十年过去,置地广场早已成为香港最高档的商场之一。反观与之相对的那家商场,由于业权分散,尽管其业主们也有雄心壮志,但由于缺少统一的规划,商店空间未能系统地安排和使用,走道也留得狭窄,现今已经沦为"杂货铺级别",一到周末便成为许多菲律宾女佣购物的地方。

再举一例:香港铜锣湾也是港岛交通最便利、人气最旺和租金最贵的商业区之一。但在此地,时代广场的业主却别具匠心地留出"大片"空地作为"广场"。这一看似浪费资源的设计却具有非凡用意。很多商家在这里举办展览等大型活动,外墙上的巨型电视屏幕也总是播放着新闻和体育节目。自1994年开始,香港时代广场模仿纽约时代广场在除夕夜举行新年倒计时活动。这些都为广场聚积了超凡的人气。

以上两个例子应该可以用老子所说的"**有之以为利,无之以为用**"("有"之所以能给人带来便利是因为"无"发挥了作用)(《道德经·第十一章》)来概括。

大巧在所不为,大智在所不处。

明白"从无到有"是小有,而明白"无就是有"是大有。

无用也是用。无用而无不用。

贪者贫,予者智。舍得、舍得,大舍大得。

---

① 张立,《商心国是·苍山如海》,香港:天地图书有限公司2000年版。

无就是有，有就是无？

以下几个成语都包含"无"
到底它们说的是"无"还是"有"？

一无所有
无关紧要
无价之宝
无时无刻
无往不利
无孔不入
无处不在
无微不至
无坚不摧

5-7 夫礼者，忠信之薄：
王石与黄光裕谁更"恶"？

几年前，我参与了一个关于企业领导人行为与品牌形象关系的研究。这个研究的选择起因于两起事件：2008年汶川地震期间，王石的"少捐款"的言论导致万科品牌形象严重受损；同年，黄光裕因有重大经济犯罪嫌疑被刑事拘留，却并没给国美电器的品牌形象带来很大负面影响。这一差别引起我们的关注。在挖掘其内在原因时，我们发现中国消费者习惯于按照"**情—理—法**"的顺序标准来评价企业领导人的行为：相对于违法行为，消费者对违情行为的评价更差。[①]

中国人相处重自然关系。其中一个很典型的表现是，评价他人言行时通常从判断其是否合情开始。血缘关系是产生自然情感的基石，因此有"**天理无非人情**"、"**人情大于王法**"等说法。老子说："**夫礼者，忠信之薄，而乱之首**"（礼这个东西，是忠信的不足，是祸乱的开始）《道德经·第三十八章》，认为王法、政令等这些人们创造出来的概念及其相应的规范都不符合"**人之常情**"。

"**四海之内皆兄弟**"，"**一人有难，八方相助**"。在对待捐助受灾者的问题上，王石的言论**违反常情**，在大家眼里成了**恶人**。黄光裕的行为虽有**触犯法律**之嫌，却只能算是**罪人**。**恶人比罪人坏**。对国人而言，法制精神往往让位于人伦情理。罪人自有法律制裁，并不一定给消费者造成直接的心理伤害；恶人虽未有违法之举，却因违背"**常情常理**"伤害了消费者的感情。

这个研究的启示在于：虽说情理准则是抽象和模糊的，但却是消费者评价企业领导人和品牌不可忽视的因素。对于企业而言，当传统文化的情理精神与现代社会的法治精神相冲突时，一定要深刻理解中国本土文化，准确把握消费者的**价值观和行为准则**，以防所作所为引起他们的负面反应；对于国家来说，要加强国人的**法律意识和观念**，并注意**平衡情、理、法之间的关系**。

[①] 黄静、王新刚、张司飞、周南，"企业家违情与违法行为对品牌形象的影响"，《管理世界》，2010年第5期。

企业领导人的行为对品牌形象的影响可大可小

在品牌形象塑造的过程中，企业领导人起着举足轻重的作用。一般可以从两个方面来看：从企业内部看，企业家通过语言、行为、价值观等影响**企业文化**，进而塑造**品牌个性**；从企业外部看，领导人是企业的**首席代言人**，赋予企业**人格化**的特征，对产品和服务的消费者、投资者及公司声誉都有重要影响。形象良好的领导人会提升企业品牌形象、降低企业成本、产生溢价效应，从而提升品牌资产。

于是，越来越多的公司花大工夫提高企业领导人的媒体曝光率，努力将他们塑造成业界名人和媒体明星。

但是，相对于正面消息，许多人更倾向于关注负面消息，并更容易受到负面消息的影响。一些曾经立身扬名的企业领导人，在出现负面消息之后，不仅身败名裂，同时还引发了消费者对其企业品牌的抵制。由此可见，**企业领导人行为对企业品牌形象的影响是把双刃剑**，真可谓"成也萧何，败也萧何"。

前面提到的研究发现，在企业品牌塑造的过程中，领导人和企业品牌内在的人格化特质相似程度越高，消费者所感知的领导人和企业品牌的关联度也越高，从而就越容易将领导人等同于企业品牌，进而将企业、品牌的行为当做"**做人**"，评价企业时会以"**情**"为主导；而当企业领导人与企业品牌的关联度越低时，消费者就越可能将做品牌的行为等同于"**做事**"，评价企业时则会以"**法**"为主导。

正因为**中国文化传统讲究对人不对事**，故在塑造品牌的过程中，我们不仅要看到当企业家与企业品牌高度关联时，企业家行为对企业品牌形象产生的正面影响，更应该看到企业家的行为也可能会对企业品牌产生负面影响。**一旦企业家出现负面言行，会对企业品牌产生难以预料的负面影响，甚至将之前建立的正面影响付之一炬**。

5-8 少则得，多则惑（一）：
小猫钓鱼

弹指一挥间，六十载光阴悄然逝去，许多往事早已淡忘，但有些却记忆深刻，比如小学一年级时学过的一篇课文——《小猫钓鱼》：一只小猫随老猫到河边钓鱼，一看见蜻蜓就放下钓鱼竿去捉。蜻蜓飞走了，又去捉蝴蝶。钓了半天，一条鱼都没有钓到。老猫对小猫说：要钓鱼就要专心，不要三心二意。小猫听了老猫的话，不一会儿就钓到了一条大鱼。

当时只觉得这则童话有趣，儿时的自己颇像那只小猫。直到多年以后，我才明白它是多么形象地表达了**专注是成功的前提**这一深层含义（当然还有一个前提：河里需有大鱼）。同理，对于企业的经营者来说，**营销/品牌的真正成功靠长期聚焦**；当面对太多诱惑时，有所"**不为**"才能真有所"**为**"。

这让我想起老子说的"**少则得，多则惑。是以圣人抱一为天下式**"（《道德经·第二十二章》），意思是：少得（聚焦）是真得，贪多（失焦）反而迷惑；因此，圣人常常将"少"作为行事的准则。

说易行难。失焦是一种通病，是许多"能者"和"将才"的**无奈**。无论是成长中还是成功的企业都饱受其困扰，甚至走向从**失焦到失败**的"**归宿**"。

失焦既可能体现在战略上，也可能存在于内部管理中，甚而"内""外"兼有，乃至有些管理者的头脑几乎发热到每遇到一个"好机会"就愿意拿生命去冒险的地步。

看看你的公司/品牌"**聚焦**"得怎么样吧！有哪些成功的经验？又有哪些沉痛的教训？

聚焦不仅体现在你对已完成的事情的记录中，也渗透在你对尚未完成的事情的计划里，它反映出你对资源、金钱、时间、注意力（最重要的是，你的"**心力**"）的支配（舍与取）是否合理，并最终表现于你的银行户头、家庭生活和健康状况中。

都说：江山易改，本性难移。

我说：铤而走险不可取，回头是岸才是真。

赌徒悔错多难返，浪子回头金不换。

万行皆通，一事无成

一无所有，名扬四海

聚焦是简单明了：
　　简不易
　　单更不易
　　明难
　　了难上难

诚恳的、简单明了的、被广泛接受的并且固定的形象是打造一块名扬四海的金字招牌的基础。

　　　　一无就是**所有**

"道常无为而无不为。"
　　　　　　　——《道德经·第三十七章》

5-9 少则得，多则惑（二）：
谢瑞麟的三起三落

相信有不少人买过谢瑞麟珠宝公司的产品。谢瑞麟是这家香港上市金行的创办人，在业内颇有名气。

谢瑞麟生于广东，幼时移居香港，居住在最贫困的木屋区。为求生计，13岁那年他被父母送到金铺当学徒。后来向人借钱办打金工场，每日工作长达16个小时，终于在20世纪70年代初成立了自己的珠宝公司，现今其产品在香港以外的许多市场也可以买到。

80年代初，他想跨出珠宝业大展宏图，选择向房地产业扩张，大手笔买入商铺和物业。不料适逢中英谈判引发的信心疲软风波，香港地产价格大跌，结果他大败而归。回顾那次失败，谢瑞麟认为是由于"时不我予"。

失手后，他回归老本行，继续艰苦经营珠宝业。经过不懈的努力，谢瑞麟珠宝于1987年上市。此后不久，他第二次进军房地产业，又因过于"进取"导致负债累累，再次一败涂地。

1997年香港楼市接近顶峰时，他又一次大规模地投资地产。碰上金融风暴，其资产大幅度贬值，欠债13亿元，只好不断变卖资产抵债，终因债台高筑，被法院颁令破产。《香港经济日报》（2000年9月26日）评论他说："谢瑞麟一生的事业充满传奇，曾三起三落，每次都是'衰'在地产投资上，救回他的是其老本行珠宝业。直至今次，因为欠债太多了，有可能还魂无术。"

2004年法院撤销了破产令，谢瑞麟感言，破产初期觉得很困扰和不光彩，白天没脸见人，夜晚辗转难眠，犹如活在"黑洞"中。当时，香港《苹果日报》（2004年9月4日）如是报道："谢瑞麟身穿笔挺西装，在律师代表陪同下前往高等法院出席撤销破产令聆讯。其间谢一直神色凝重，表现紧张，但当法官正式批准解除破产令后，谢兴奋得从公众席的座位走到法官席前向法官鞠躬，礼貌地称：'多谢法官。'"

这一年，他已经68岁。

"少则得，多则惑。"（《道德经·第二十二章》）

不熟不做,不无道理

许多企业的领导人:
只见遍地黄金,不顾处处地雷。
从好大喜功,到**身败名裂**。
其情可悲,其行可叹。

一念之差错(贪),终生之噩梦(苦)?

心可热——热情,头要冷——冷静。

5-10　圣人在天下,歙歙焉,为天下浑其心:
撼山易,撼岳家军难

南宋名将岳飞,置个人荣辱安危于度外,麾下"岳家军"军纪严明、骁勇善战,屡挫金军。金人惨败后哀叹道:"**撼山易,撼岳家军难**。"

在此,"山"为"物","军"为"人",前一个"撼"是"移动、推倒",后一个"撼"是"打败、征服"。**推倒一个无生命的物体易,征服一群有血性的汉子难!**

维基百科刊载了一则岳飞的轶事①:岳飞在宗泽军中时,就显示出对野战的爱好。宗泽担心岳飞将来吃亏,授其以阵法,告诫说:"尔勇智才艺,古良将不能过,然好野战,非万全计。"岳飞由此说出一句军事名言:"**阵而后战,兵法之常,运用之妙,存乎一心。**"(先步阵后作战,是用兵常用的战术;然而运用得好坏在于能否灵活机智、谙熟于心。)我以为这里的"心"不仅指将帅用心智,还包括明白作战双方的军心,甚至战场外的民心。

兵法说,**攻城为下,攻心为上**。美国以伊拉克暗藏大规模杀伤性武器为借口,对伊拉克进行了长达九年的军事打击,结果灰头土脸地离开。伊拉克的"城"虽破,然民心未服,美国虽"胜"犹败。

商场上的"事"与"人"也是如此。"推倒""对手"本就不易,"征服""市场心"难上加难。但是,一旦顾客心悦诚服,"对手"自然会不"攻"自"破"。若顾客心服、口服,"对手"也"化解前嫌",岂不是"天下无敌",皆大欢喜!

老子说:"**圣人在天下,歙歙焉,为天下浑其心。**"(圣人在位,弃主观成见与私欲,以民心为己心。)(《道德经·第四十九章》)

商场之道,存乎一心。而运用之妙,因人而异,我想不外乎能否知"心"、顺"心"。知民心者智,顺民心者利。

---

① "岳飞",维基百科,http://zh.wikipedia.org/wiki/岳飞。

投机，投资，投心

与"投"有关的为商之道或许有三：**投机，投资，投心**。

投机是目光短浅之举，只看到当前。所谓**投机取巧**，不过是以钱骗钱，不可取。

投资乃明智理性之举，是中期行为，包括以钱生钱。但是，凡能用钱解决的问题，或是由钱带来的好处，多数时候都不牢靠。

投心是立足扎根之本，是以心换心的长远之策。**民心可畏，天良无价**。

投身或可贵，投心更可敬。岳飞以全身心精忠报国，是老百姓心中的英雄。

商场是"现实"的，讲钱又讲心。短线者，"花费""钱财"投资；长线者，"投入""心计"祈福；成功者"钱、心"双管齐下，良心为上，凝聚人心。

第 6 部分

为学日益,

为道日损:

学海无涯,学无止境

6-1 为学日益，为道日损：
我的"识字"人生三阶段

不识字被人骗，识字被书误？

苏轼曾就此写过两句矛盾的诗句："人生识字忧患始，姓名粗记可以休"（《石苍舒醉墨堂》）和"旧书不厌百回读，熟读深思子自知"（《送安惇秀才失解西归》）。

前一句应该是他不顺心时的气话：只要能粗略认得自己的姓名，就可以糊里糊涂地过一生了。后一句则是劝人念书的真心话：**反复诵读、深入思考经典（旧书）才可能有"自知之明"**。这两种态度，究竟哪一种更好，在不同的情况下或许有不同的定论。我以为，**"识字"或许能提高自知之明，"糊涂"的境界也许更高**。

回首往昔岁月，我的"识字"人生经历了三个阶段：

第一阶段叫"井"。幼时的我，如同井底之蛙，囿于自己的小天地里。此阶段是为谋生计而学，为填肚糊口而努力"识文断字"。这是"**读书好**（hǎo）"和"**姓名粗记**"的**实用**阶段。

第二阶段叫"进"。青年的我，开始感叹所知甚少，希望能够对世界有更全面的认知。此阶段是为开阔视野而学，如饥似渴地追求知识，以弥补认知上的肤浅。是时，我不再安做井底之"蛙"，而犹如登上起锚之"船"。终于"上知"了一些天文，"下通"了一些人情。这是"**好**（hào）**读书**"和学而不厌的阶段。

第三阶段叫"道"。如今的我，深感"**吾生也有涯，而知也无涯**"（《庄子·养生主》），开始有选择地"熟读深思"，希望能有一些粗浅的"自知"，使胸怀更宽阔。"熟读"是"**读好**（hǎo）**书**"，"深思"的是老子说的"**为学日益，为道日损**"（求学则知识愈来愈多，求道则成见愈来愈少）（《道德经·第四十八章》）中的"损"。

"路漫漫其修远兮"，真正的"自知"需要不断地体悟。花甲之年，我愿自己能继续增加"损"的那部分。当然我也知道这是困难的，因为"**糊涂**"是"**难得**"的。

第 6 部分　为学日益，为道日损：学海无涯，学无止境

1. 读书好(hǎo)：寻谋生之路——人生出路，在于读书；以有学识为目标
2. 好(hào)读书：求人生/生命之道——品牌之道，在乎一心；以有思想为目标
3. 读好(hǎo)书：悟自然之道——老子之道，道法自然；以探索哲理为目标

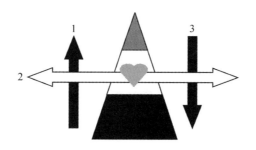

6-2 知足者富：
我的营销学旅三阶段

30岁到北美念MBA可以算是我人生中最大的转折点。白驹过隙，30年弹指而过。回首深思，这30年的营销学旅按"知"分的话，也经历了三个阶段。

第一阶段是"知人、善用"，可谓"追"，追的是"美国脑"，以"理性"为主。当时我刻苦地"生吞"了一点"洋墨水"，"活剥"了一些"精深"的美国营销知识和品牌理论，如消费行为、市场研究、竞争战略等。

第二阶段是"知彼、知己"，可谓"求"，求的是"中国心"，更强调"感性"。在北美学习、工作了12年之后，我"海归"到香港，开始试图将在美国所学融入中国文化下的营销操作、品牌实践以及竞合思维之中，用"博大"的儒家思想分析中美文化和品牌营销的差异。

美国文化更重**工具理性**，**物质性**更强，鼓励"自利自益"，希望实现"From Rags to Riches"（从一无所有到腰缠万贯）的"美国梦"，是谓"有"；而中国的儒家文化则更重**价值理性**，**精神性**更强，相信"义大于利"，希望到达以"行远必自迩"、"登高必自卑"为"君子之道"的境界（《礼记·中庸》），可谓"无"。

美国企业强调目标管理，算得、失（**Profit**），比胜、负，推崇品牌与个人英雄，体现一种战天斗地的精神（**做事，Work Performance**）。中国企业在对股东负责的同时必须对员工有更多道义上的担当。它们不仅要考虑经济效益，还需考虑中国国情下的社会责任和对国家的义务（**做人，Interpersonal Relationship**）。

第三阶段则是"知足、常乐"，可谓"悟"，悟的是"中国魂"。近年来，得益于《道德经》的教化，我开始有些"悟性"，尝试从哲学的角度来反思营销、品牌与人生的关系。我忧虑我们对赖以生存的地球总是索取远甚于给予，因而进一步探索人、社会与天地如何长期共存的问题（道）。

倘若我们听从老子的"**知足者富**"（《道德经·第三十三章》），不竭泽而渔，不毁林建都，这个世界才能持续发展下去。这需要你、我以及我们身边每一个人的共同努力。但是，有几个人可能达到老子推崇的"圣人"的境界呢？

30 年营销学旅反思

1. 理性：学习美国的营销/品牌理论和实践
　　——钻研美国消费行为模式/竞争战略
2. 感性：融入中国文化（主要是儒家思维）
　　——分析中美文化/品牌营销的差异
3. 悟性：求教于《道德经》的智慧
　　——反思人/社会与大自然/天地长期共存的问题

    1. 追"有"——知人、善用："美国脑"
    2. 求"无"——知彼、知己："中国心"
    3. 悟"道"——知足、常乐："中国魂"

6-3 长短相形：
中为外用

不时有学生、同事和商界的朋友同我讨论如何在中国做研究以及中国营销下一步如何走的看法。

我认为，从整体上说中国营销学者对西方（包括美国）的营销理论和实践都已有一定的了解，时至今日，如果还是继续简单、盲目地大量移植和沿用西方营销理论及其实践经验，"**脱中入洋**"，只怕是**囫囵吞枣、舍本逐末**。如此不但可能永远赶不上西方营销研究的步伐，甚至还会出现将人家的"**明月**""**张冠李戴**"到中国后不时产生"**水土不服**"的现象，结果是写出来的"**东 + 西**""**土不土，洋不洋**"。这样做，只会让我们愧对于祖先积淀下来的珍贵文化遗产。

尺有所短，寸有所长。对于生于斯、长于斯的中国学者来说，在学术研究的基本判断上，"**六亲不认**"、"**全盘复制**"他山之石万万不可取。老子说："**长短相形**。"（长和短的作用互为对立和显现。）（《道德经·第二章》）尽管我们永远要虚心地向国外的同行学习，但在路径选择上，我们要保持"**两条腿走路**"，以期**取长补短**。这是因为我们无时无刻不需要面对**中国独特的国情（天）、乡情（地）、人情（社会）**。因此，我以为我们未来应该朝以下方向努力：

外为中用，古为今用。我们需要继续移植和嫁接外国（包括西方）的理论，并努力实践"**外为中用**"。同时，我们不能单纯地**厚今薄古**，而要**融古通今**，融天、地、人三道，将以**儒、释、道**为代表的中国文化精髓和《**易经**》的世界观和方法论与外国营销研究和实践接轨，真正做到"**阴阳**"**良性互动**、"**中外结合**"。

中为外用。这是"**中外合璧**"中更为重要的部分。时下以及未来，越来越多的中国企业将"**漫游**"于全球市场，越来越多的外国企业也将"**打进**"中国市场。在这种情况下，就更需要把"**天人合一、和谐发展**"以及"**无为而无不为**"等重要的中国价值观融入这些企业的营销和品牌实践中。

这样，我们才能超越"师夷长技以自强"，加入执牛耳者的行列，与"夷"同乐。

这或将是今后中国营销学界对世界营销理论和实践发展的最大贡献。

中国营销下一步如何走？

> 贯通古今，融会中外
> 古为今用，洋为中用，中外合璧，**中为外用**
> 天人合一，和谐发展

中国文化是中国人的命根子。只有深入解析自己的文化，透过现象看本质，与其他文化比较，我们才可以更深刻地理解中国营销的 **"来龙"** 并推测其 **"去脉"**。"古为今用"提供了历史基础；"洋为中用"提供了发展镜鉴；"中外合璧"已经开始成为一种趋势；"中为外用"将成为一种重要的演化形式。

只强调其中某一个或某几个方面，都是片面的。故此，依据"古为今用（用**情**），洋为中用（用**法**），中外合璧（寻**理**），中为外用（求**和**）"的原则，构建以中华文化为基础的营销理论。这不但是未来中国营销理论的发展方向，也是向国际营销学界展现中国营销学界学术地位的重要基础。

在管理学界，众多学者讨论未来的目标与出路。营销学界同样存在这种探索。目前一个主要的思路是"**我注六经**"：在中国营销情境中检验西方理论，构建"**营销的中国理论**"（Theory of Chinese Marketing），拓展和完善西方理论；另一个思路是"**六经注我**"："别开生面"，针对中国营销现象和问题提出自己的理论，构建体现中国文化、风格与气象的"**中国的营销理论**"（Chinese Theory of Marketing）。

双峰并峙，二水分流。"中为外用"目前还处于"小荷才露尖尖角"（宋·杨万里：《小池》）的阶段，更多地表现为理论探索与争鸣，如果要发展出类似今日"洋为中用"所呈现出的"接天莲叶无穷碧"（宋·杨万里：《晓出慈净寺送林子方》）之势，我们前面的路还很长。

前途光明，任重道远。

6-4 至誉无誉：
敦煌在中国，敦煌学在日本？

据说，20世纪80年代初，一个日本学者来中国访问时说了句深深刺伤许多中国学者自尊的话——"**敦煌在中国，敦煌学在日本**"。

当时"文革"结束不久，国内的敦煌学刚刚重新起步，研究水平与日本相去甚远。受到了这样的折辱，中国学者很愤怒，但又无奈。北京大学中国古代史研究中心**荣新江**[①]教授回忆说：20世纪50年代以来，爱国主义的宣传根深蒂固，一些学者从事敦煌学研究的动力就是对祖国和民族的热爱。他们认为，敦煌文书出自中国，记载的是中国古代的史事，对其研究最透彻、了解最深入的也应该是我们中国人自己。中国敦煌学界一定要赶上并超过外国学者的研究水平。当时北京大学的敦煌学课堂上常听到老师们呼吁**发扬爱国主义精神、夺回敦煌学研究中心**的慷慨陈词。

为了推动中国敦煌学的发展，在**季羡林**等人的提议与倡导下，专门研究敦煌的"中国敦煌吐鲁番学会"于1983年9月成立，季羡林任第一任会长。

根据荣新江教授与**刘进宝**[②]教授的考证，"敦煌在中国，敦煌学在日本"这句话并非出自日本学者之口，而是南开大学一位教授说的。该教授在为这位日本学者的演讲做介绍时，呼吁国人重视敦煌学，鼓励改变"**敦煌在中国，敦煌学在外国**"的不正常状态。这句话的本意在于激励青年学者，但后来却被误传。

针对"夺回敦煌学中心"的呼声，季羡林主张不要把问题局限于国之疆域，他提出了"**敦煌在中国，敦煌学在世界**"的观点。很显然，他的观点不只体现出敦煌学已是国际之学之实，也包含要从世界的角度去认识敦煌学发展之意。季老高瞻远瞩，赢得了国内外学者的同声赞许。

老子说，"**至誉无誉，是故不欲琭琭如玉，珞珞如石**"（最高的荣誉是无须赞美称誉的。与其高贵如玉，不如坚实如石）（《道德经·第三十九章》）。季羡林的主张和老子的意寓不谋而合。我们不能自视为敦煌学的翘楚，我们要做的只有踏实、稳步地做好敦煌学研究。

季羡林的主张，也适用于中国营销学界。

[①] 荣新江，"中国敦煌学研究与国际视野"，《历史研究》，2005年第4期。
[②] 刘进宝，"敦煌学史上的一段学术公案"，《历史研究》，2007年第3期。

本地姜辣，过江龙猛？

做研究像开汽车，人（驾驶者）的因素至关重要。

"敦煌在中国。" 研究中国营销问题，我们常以为自己面对的不过是 **"茶杯里的风波"**（长城内，城中小景），而且我们是 **"本地姜"**，熟门熟路，可以 **"近水楼台先得月"**，抄近道，走捷径。可惜的是，因为看不到自己的 **"开车盲点"**，我们走"近路"的结局也许是事倍功半。为什么有时会出现这样的问题呢？孔子说：**"与善人居，如入芝兰之室，久而不闻其香，即与之化矣。与不善人居，如入鲍鱼之肆，久而不闻其臭，亦与之化矣。"**（跟善人在一起，就像到了长满香花草的房子里，久而久之，也不觉得香了，因为已经与它同化。而跟不善的人一起，就如走入鲍鱼店，久而久之，也不觉得臭了，因为也被它同化了。）(《孔子家语·六本第十五》) 正因为不知不觉间的同化效应，使得"本地姜"虽 **"游刃有余"**，却因 **"一叶障目"** 而 **"不见泰山"**。

"敦煌学在外国。" 研究中国营销问题，有些外国人以为他们面对的不过是 **"风波里的茶杯"**（迪斯尼，景中小城），尽管只是 **"隔岸观火"**，但这份"置身事外"的超然也使他们确有独到之处：**"过江龙"**，倒海翻江，使 **"高"** 招，用 **"怪"** 法，走 **"奇"** 道。但他们的劣势也是明显的：由于 **人生地不熟**，对人、车、路、环境、管理等各方面的情况的理解不同，有"隔靴挠痒"之嫌。在操作中，也可能会碰到意想不到的 **"交通黑点"**（交通事故频发点）。比如，**人不让车**：行人或在车流中，或乱穿乱闯乱跑，或对红灯视而不见；**车不让人**：机动车转弯或过斑马线时不仅与同行的车辆争道抢线，对行人也毫不礼让，呼啸而过。正因为这些环境差异导致的"黑点"，可能会使得这些 **"过江龙" 空有威猛之势，施展不开身手**。

"敦煌在中国，敦煌学在世界。" "本地姜"与"过江龙"各有所长，又皆有所短。前者因熟悉环境可能产生"盲点"，后者因不熟悉环境而遭遇"黑点"。要想对于某一个问题有所建树，两者都必须吸纳对方之长并克服己方之短。

所以，无论是中国的还是外国的研究者（或是企业家）都要 **放眼中国、胸怀世界**，"本地姜"要学"过江龙"的本事，"过江龙"要学"本地姜"的功夫。

中国是世界的。天下一家。

6-5 大象无形：
刘姥姥进大观园

"行人自是心如火，兔走乌飞不觉长。"（唐·韦庄：《秋日早行》）

借用老子所言，"**知人者智**"是我领略西方营销理论的开始；"**自知者明**"是我关注中外营销差异的初探；"**知足者富**"（《道德经·第三十三章》）让我进一步反思中国文化背景下营销、品牌理论的**建构**与**解构**，以及思忖作为一个立足中国、面向世界的学者，应该怎样贡献自己的绵薄之力。

30年前我去美国留学时就像"刘姥姥进大观园"一样——样样新。虽然不时看花了眼，但却大开眼界、大长见识，也看出了"神"。

可能是钱钟书所说的"**围城**"困境（外面的人想要进去，里面的人想要出来）作怪，十多年前到香港，我的心态从"**这山望着那山高**"逐渐转变为"**那山望着这山高**"。如今呢？又转变为"**人外有人，山外有山，天外有天**"。

如今虽和当年一样，仍然是"**刘姥姥进大观园**"——少见多怪，但已开始跨入"**为学日益，为道日损**"（《道德经·第四十八章》）的阶段。多了一些**学识/知识**，还长了一些**见识**——此为"益"，慢慢地，一些"见怪"的思想开始退去——此为"损"，我逐渐学会沉淀，从做"加"法为主到做"减"法为主，逐渐从事物的本源出发看世间万象，慢慢有了自己"心中的圣"。

我"心中的圣"是什么？是对万事万物抱持**开放包容、互通有无、共存共荣**的态度。正如老子所言："**大象无形，大音希声**"（世界上最伟大的境界没有固定的格局，最好的音乐听起来无声响）（《道德经·第四十一章》），真正的"道"，需要大家共同参悟。"三十年河东，三十年河西"的现象一定会时时出现，但"**不是东风压倒西风，就是西风压倒东风**"的心态则一定不能常有。只有秉持"**三人行必有我师**"（《论语·述而》）的胸襟，我们才能不断进步。

我开始逐渐明白**山山皆灵，阡陌相通**。我把自己的这种转变叫做从"**举头望明月**"到"**低头思故乡**"（唐·李白：《静夜思》）再到"**但愿人长久，千里共婵娟**"（宋·苏轼：《水调歌头》）。

> 知人者智。
> 自知者明。
> 胜人者有力。
> 自胜者强。
> 知足者富。
> 强行者有志。
> 不失其所者久。
> 死而不亡者寿。
> ——《道德经·第三十三章》

道不远人，心诚求之

春华秋实，学海无涯。年轻时，我更多地追求"自由"与**强行者有志**（人），到花甲之年，则更多地思考**不失其所者久，死而不亡者寿**（地，天）（《道德经·第三十三章》），"自然"／"自觉"地提醒自己进一步"自律"，因为只有这样才能带来真正的"自强"和"自主"。

"譬道之在天下，犹川谷之于江海。"（《道德经·第三十二章》）**贯通古今**（顺天时），**融会中外**（就地利），**"心诚求之，虽不中，不远矣"**（《礼记·大学》）。即使我等远，后辈定不远矣（创人和）。

《道德经》索引

第一章① 3-1②, 3-10, 3-11
第二章 1-6, 2-2, 3-5, 3-6, 4-7, 5-5, 6-3
第五章 2-4, 4-6
第七章 4-2
第八章 1-1, 1-7, 4-5
第九章 1-15
第十章 3-13
第十一章 2-7, 5-6
第十二章 3-7
第十四章 3-2, 3-11
第十六章 2-3
第二十二章 1-11, 2-3, 5-8, 5-9
第二十五章 1-1, 1-6, 3-3, 3-8
第二十八章 2-2
第二十九章 2-6
第三十一章 4-1
第三十二章 2-8, 6-5
第三十三章 写在前面的话, 1-1, 1-8, 1-9, 1-13, 6-2, 6-5
第三十四章 1-5
第三十五章 1-14
第三十六章 2-5
第三十七章 写在前面的话, 4-5, 5-8
第三十八章 1-4, 5-7
第三十九章 1-11, 6-4
第四十章 3-12
第四十一章 6-5
第四十二章 1-1, 1-11, 4-4
第四十三章 4-5
第四十四章 1-15
第四十五章 1-12
第四十八章 6-1, 6-5

---

① 表示《道德经》的相关章节,下同。
② 表示相关内容出现在本书的章节,下同。

第四十九章　3-15, 5-10
第五十一章　1-2, 1-3, 3-9
第五十二章　5-2, 5-4
第五十七章　4-5
第六十四章　1-10, 3-9
第六十六章　4-1, 4-5
第六十八章　4-1, 4-2, 4-3
第七十一章　2-1
第七十三章　4-1
第七十九章　1-7
第八十章　3-14, 5-1
第八十一章　3-4, 4-1, 5-3

其他书目索引

Buderi, Robert and Gregory T. Huang, *Guanxi—The Art of Relationships: Microsoft, China, and Bill Gates's Plan to Win the Road ahead*, New York: Simon & Schuster, 2006. 2-6①

Kotler, Philip, *Principles of Marketing*, Englewood Cliffs: Prentice-Hall, 1983. 2-5

Nakano, Yoshiko, *Where There Are Asians, There Are Rice Cookers—How "National" Went Global via Hong Kong*, Hong Kong: Hong Kong University Press, 2010. 5-3

陈鼓应，《老子今译今注》，北京：商务出版社2003年版。写在前面的话

（晋）陈寿，（宋）裴松之注，《三国志·蜀书·先主传》，湖南：岳麓书社2005年版。1-5

郭彧译注，《周易》，北京：中华书局2006年版。1-7

（西汉）刘向，《战国策·赵策一》，上海：上海古籍出版社1998年版。2-3

慕平译注，《尚书》，北京：中华书局2009年版。1-4

庞朴，《中国文化十一讲》，北京：中华书局2008年版。3-11, 3-12

（元）萨都剌，《雁门集》，上海：上海古籍出版社1982年版。3-14

（明）施耐庵，《水浒传》，湖北：长江文艺出版社2010年版。1-8

孙武（春秋，撰），曹操（三国，注），郭化若（今译），《孙子兵法》，上海：上海古籍出版社2006年版。1-9, 2-4, 4-3, 4-4

W. 钱·金、勒妮·莫博涅著，吉宓译，《蓝海战略》，北京：商务印书馆，2005。4-1

王秀梅译注，《诗经》，北京：中华书局2006年版。3-1

吴兢，《贞观政要》，北京：北京燕山出版社1995年版。1-9, 2-3

（战国）荀况，《荀子》，北京：中国纺织出版社2007年版。1-5

张文修编著，《礼记》，北京：北京燕山出版社1995年版。2-7, 3-12, 4-1, 5-1, 6-2, 6-5

张燕婴译注，《论语》，北京：中华书局2006年版。1-7, 1-8, 1-9, 2-2, 4-4, 4-6, 4-7, 6-5

曾凡朝注译，《易经》，湖北：湖北辞书出版社2007年版。1-4, 1-11, 2-2, 6-3

赵启正，《在同一世界——面对外国人的101题》，辽宁：辽宁教育出版社2007年版。2-6

（春秋）左丘明，《左传》，湖南：岳麓书社2006年版。2-4

---

① 表示相关内容出现在本书的章节，下同。

人名、地名及其他索引

《阿凡达》 2-3①
安索夫矩阵 3-2
宝洁 2-7
曹操 1-6
曹雪芹 1-10
谌容 1-13
大山 2-1
杜甫 1-13, 3-1, 3-10
敦煌 6-4
范仲淹 写在前面的话 5-5
菲利普·科特勒 2-5, 2-7, 3-9
丰子恺 5-2
盖茨 2-6
高锟 5-4
故宫 1-11, 4-4
国家环保总局 1-14
海尔 3-9
韩信 1-8, 4-3
贺知章 2-1
洪昭光 3-15
黄光裕 5-7
季羡林 6-4
江泽民 2-6
金庸 5-5
康熙 1-11
孔子 2-3, 4-6, 4-7, 6-4
雷锋 1-3
李白 3-1, 6-5
李复言 4-5
李商隐 4-5
李绅 1-14
李世民 1-9, 4-6
刘邦 1-8

刘备 4-2, 4-3
鲁迅 4-3
陆游 1-15
骆家辉 2-1
蒙民伟 5-3
孟子 1-13, 2-7, 3-2, 3-9, 3-15
墨子 3-11, 3-12
帕麦斯顿 2-8
盘古 3-1
庞朴 3-11, 3-12
苹果 3-10, 3-12
乾隆 1-11
钱钟书 6-5
乔羽 5-1
秦韬玉 3-12
任继愈 3-12
荣新江 6-4
萨都剌 3-14
三鹿 3-4
沙县 1-9
莎士比亚 5-4
商务印书馆 1-3
神农架 3-2
盛田昭夫 5-4
石韫玉 1-10
司马光 1-3, 4-6
松下幸之助 5-3
苏轼 1-9, 3-14, 6-1, 6-5
苏叔阳 3-15
索尼 5-4
王勃 3-14
王石 5-7

---

① 表示相关内容出现在本书的章节，下同。

王湾　5-4
王永彬　1-12
王之涣　1-5
韦庄　6-5
魏征　4-6
温家宝　2-4, 2-6
文天祥　4-4
沃尔玛　4-1
吴阶平　3-15
吴敬梓　4-5
武当山　3-2
希拉里·克林顿　2-4
香港时代广场　5-6
香港新鸿基地产　1-8
香港置地广场　5-6
谢瑞麟　5-9

严复　2-3
杨万里　6-3
易中天　4-1
雨果　3-3
岳飞　5-10
张凤翼　3-14
张九龄　3-14
张立　5-6
张元济　1-3
赵本山　4-1
赵启正　2-6
赵翼　3-1, 3-12
中野嘉子　5-3
钟南山　1-2
诸葛亮　4-2
庄子　3-15, 6-1

致　谢

本书有幸问世，我要感谢的**贵人**很多。

首先感谢**老子**，他的**《道德经》**对我影响深远。

我参阅了许多**他人**的著作与大量其他资料。**前辈、老师、同学、同行、朋友们**和**《营销科学学报》**的编委们提供了宝贵的帮助。在此我一并表示真诚的谢意。

我感谢香港城市大学与武汉大学两校市场营销学系的**同事们**，其中包括游汉明、谢贵枝、曾自信、陈兴龙、李少民、周东生、欧阳明、王清、陈小红、苏晨汀、窦文宇、杨志林、陈立文、丁志强、董婥嫣、董勤、霍信昌、李娟、李雪梅、李艺燕、李咏茵、林立坚、林丽仪、梁伟强、陆仲良、谭桂常、王剑锋、魏立原、温娜、温诗媚、吴淑慧、严明萍、余远骋、曾小铧、张婉仪、张秀兰、朱盈盈、戚梅艳、林雅坤、黄嘉敏、陈典、侯姗娇、黄咏怡、范婉莹、甘碧群、景奉杰、汪涛、黄静、黄敏学、熊元斌、张广玲、王长征、曾伏娥、吴思、李晓、曾咏梅、廖以臣、欧阳小珍、张丽立、桂世河、寿志钢、崔楠、朱华伟和柯丹。在学术"研、讨"的过程中，我向他们讨教了许多与中外文化有关的知识。

我感谢我的**学生们**，不管是过去的还是现在的，特别是香港城市大学和武汉大学的博士后、PhD、DBA、MPh、EMBA、MBA、MSMKT、BBAMKT、BBACB、BBAMIM以及其他学生们。虽然我名为教师，"教"是我的本职，但我在课上课下向学生们学了许多，特别是庄贵军、曾仕龙、沙振权、邹炳文、李海洋、张燕、毕自力、魏映红、王永贵、王雪华、李津、张华、张坚强、陈振东、林焯明、赵政辉、李湘渝、陈碧夏、王江安、艾迁、卢志森、黎建新、赵卫宏、詹志方、李永强、周志民、曾宪聚、付晓蓉、张闯、谢军、王毅、郭锐、张磊楠、才凤艳、王丽丽、张司飞、何昊、余娜、姚琦、李小玲、王新刚、马明娜、王峰、俞钰凡、张琴、张音、冯小亮、葛志琼、李伟、王辉、谢志鹏、朱丽娅、周茵、余浩洋、于放、郑斯婧、张媛、刘映川、陈启源、陈俊全、卢小燕、李达辉、徐慧龙、邝颖怡、刘媛媛、曾肇康、隋伟杰、白璇、黄莉、贾芳、李芳容、楼静娴、秦垚、谢亭亭、徐华、徐申、曾燕银、章源源、仲为国。

我感谢**北京大学出版社**的编辑们，尤其是北京大学出版社经济与管理图书事业部的**林君秀**主任、**贾米娜**编辑以及她们的同事们。与这个优秀的团队合作是我的荣幸。

本书从开始构思到完稿的过程中，**符国群、彭泗清、何佳讯**阅读过部分内容并提出中肯的建议。**徐岚、杨立华、周元元、周玲、张宁、王殿文、杨剑琴**对文字的润色使本书增彩不少。**伍恺中**对封面设计提供了帮助。没有他们，我要完成本书还比较困难。

最后，我感谢**先父和先母**（周力行和刘冰心）给予我灵感；感谢**妻子和女儿们**（林小荣、周林和林安娜）给予我时间和支持；感谢**胞妹一家**（周春、峗建国和峗旻）给予我鼓励。

周　南

2012年2月7日

于香港骏景园